# AI 커머스 쇼핑 전쟁

이 책의 판권은 ㈜베가북스가 소유합니다. 저작권법에 따라 보호받는 저작물이므로 무단 전재와 복제를 금합니다. 이 책의 전부 또는 일부를 이용하거나 유튜브 동영상, 오디오북, 요약자료 등으로 생성 및 유포할 때도 반드시 사전에 ㈜베가북스의 서면 동의를 받아야 합니다. 더 자세한 사항은 ㈜베가북스로 문의 부탁드립니다.

홈페이지 | www.vegabooks.co.kr  이메일 | info@vegabooks.co.kr
블로그 | http://blog.naver.com/vegabooks
인스타그램 | @vegabooks  페이스북 | @VegaBooksCo

# AI
# 커머스
# 쇼핑
# 전쟁

김창수 지음

베가북스
VegaBooks

"AI가 다시 쓰는 커머스의 역사"

AI가 커머스 산업의 작업 구조를 빠르게 재편하고 있다. 마케팅, 고객 응대, 상품 기획, 물류 운영 등 사람이 주도하던 업무가 점차 자동화되고 있다. 사진을 잘 찍지 못하던 사람도 상품 이미지를 만들 수 있고, 글쓰기에 익숙하지 않던 사람도 고객을 설득하는 문장을 완성할 수 있게 됐다. 물론 인간의 역할이 완전히 사라진 것은 아니다. 기획과 편집 등, AI가 여전히 해결하지 못하는 영역에 집중할 뿐이다.

AI의 침투는 단순한 기술 진보만을 의미하지 않는다. 커머스의 의사결정 구조 자체가 변하고 있다. 과거에는 자본, 인력, 브랜드, 채널 등 전통적 자원이 경쟁력을 결정지었다. 그러나 지금은 동일한 자원을 가진 기업도 AI 도입의 방식과 시점에 따라 전혀 다른 결과를 만들어낸다. 알고리즘은 더 이상 플랫폼의 전유물이 아니다. 브랜드와 셀러가 직접 '기계'를 전략 자산으로 삼는 시대가 도래했다.

커넥터스는 지난 몇 년간 AI가 커머스 실무에 어떻게 적용되고 있는지를 다양한 사례를 통해 추적해왔다. 사용자 성향을 반영한 상품 추천과 다이나믹 프라이싱, 광고 효율을 극대화한 생성형 AI 마케팅, 자연어 처리 기반의 챗봇 응대, 물류 작업의 로봇 자동화 등은 모두 'AI 커머스'의 실체를 보여주는 장면들이다.

이 책은 그러한 실전 변화들을 포괄적이고 입체적으로 정리한 결과물이다. 기술 소개를 넘어, AI 활용 전략의 차이가 성패를 가르는 구조를 설명한다. AI는 더 이상 커머스의 보조 수단이 아니다. 경쟁은 이미 시작됐고, 선택은 각자의 몫이다.

엄지용 (커넥터스 대표)

## "기술의 시대에 인간답게 소비한다는 것"

우리는 매일 뭔가를 '선택'하며 살아간다. 아침에 마실 커피 한 잔부터 퇴근길에 누를 배달앱 버튼까지. 소비는 단지 돈을 쓰는 행위가 아니라 삶의 방향과 취향, 그리고 가치관을 드러내는 우리의 언어다.

『AI 커머스 쇼핑 전쟁』은 바로 이 선택의 언어가 어떻게 바뀌고 있는지를 이야기한다. "이번 주말 데이트에 입을 원피스를 추천해줘"라고 말하면 AI가 내 취향, 약속 장소, 날씨까지 고려해 완벽한 옷을 찾아주고 결제까지 대신하는 시대. PSA(Personal Shopping Agent), 그러니까 나만의 쇼핑 도우미가 내 삶에 들어오는 순간 우리는 소비자인 동시에 '기술과 살아가는 사람'이 된다.

하지만 이 책은 기술의 편리함만 찬양하지는 않는다. 마트 진열대 앞에서 물건을 고르면서 느꼈던 소소한 즐거움, 동네 책방의 사장이 건네는 맞춤 추천의 따뜻함, 택배 기사가 건네는 "조심히 받으세요"라는 한마디. 이런 인간적인 순간들이 사라져가는 것에 대한 깊은 성찰도 담고 있다.

저자는 AI, 이커머스, 물류 같은 낯선 단어들 너머에 있는, 인간의 삶과 일상의 장면들을 그려낸다. 새벽 배송을 가능케 했던 택배 기사의 새벽 2시, 택배 상자 뒤의 분류 노동자를 잊지 않고 이야기한다는 점에서 이 책은 단순한 기술서가 아닌 인문서이기도 하다. 동시에 네이버, 쿠팡, 테슬라 같은 기업들의 변화와 투자 포트폴리오에 미칠 영향까지 구체적으로 분석해 현실적 통찰도 놓치지 않는다.

기술은 편리함을 준다. 하지만 그 편리함이 '누구를 위한 것인지' 질문하지 않으면 우리는 어느새 기술에 기대면서도 소외감을 느끼는 시대에

살게 된다. 이 책은 그 질문을 던지고 함께 고민하자고 손을 내민다. 변화를 두려워하기보다 현명하게 받아들이되 그 안에서도 사람이 중심이 되는 방법을 모색한다.

혹시 지금 당신도 '기술 발전이 너무 빨라 내가 뒤처진 걸까?'라고 생각한다면 책을 천천히 읽어보자. 복잡한 용어 없이도 내 일상과 닿아 있는 미래를 보여주며 이 변화의 시대에 인간다움을 잃지 않고 살아가는 방법에 대한 따뜻하고 단단한 안내서가 되어줄 것이다.

당신이 소비하는 방식이 곧 당신의 삶이라면 이 책은 그 삶을 좀 더 인간답고 똑똑하게 살아갈 수 있는 길을 보여줄 것이다. AI가 아닌 사람이 중심이 되는 소비의 미래, 그 이야기를 함께 읽어보길 권한다.

김철민(비욘드엑스 대표)

"당신의 비즈니스가 살아남을 시간이 얼마 남지 않았다."

커머스 전쟁의 최전선에서 총성이 울리고 있다. 퍼플렉시티가 쏘아올린 첫 포탄은 광고 없는 순수 추천으로 기존 플랫폼들의 심장부를 꿰뚫었다. 챗GPT는 플랫폼 경계를 허물며 전 세계 상품을 통합 검색하고 아마존 루퍼스는 대화만으로 완벽한 쇼핑을 완성한다. 이것은 단순한 기술 진보가 아니다. 1조 달러 유통 시장을 뒤흔드는 대격변이다.

『AI 커머스 쇼핑 전쟁』은 이 혁명의 한복판에서 써 내려간 현장 리포트다. 광고 모델의 붕괴부터 AX(Agent Experience) 시대의 도래까지 저자는 냉혹한 데이터와 생생한 사례로 유통업계의 DNA가 어떻게 재설계되고 있는지 폭로한다. 네이버, 카카오, 쿠팡이 직면한 실존적 위기와 이들의 생존 전략까지 이 책은 미래 커머스의 판도를 가장 정확히 예측한 유일한 나침반이다.

이동규 (카카오모빌리티 부사장)

"택배비 0원 시대가 온다. 완전 무인 물류가 만드는 혁명"

밤낮없이 돌아가는 24시간 무인 물류센터, 계단을 오르며 문 앞까지 배송하는 테슬라 옵티머스, 스스로 학습하며 진화하는 피겨 AI의 피겨… 이것은 더 이상 SF가 아니다. 지금 이 순간 실리콘밸리에서 벌어지고 있는 냉혹한 현실이다.

『AI 커머스 쇼핑 전쟁』은 휴머노이드 로봇이 몰고 올 물류 대혁명을 최초로 해부한 충격 보고서다. 머스크가 2만 달러에 양산하겠다고 선언한 옵티머스부터 엔비디아 그루트 플랫폼까지. 이 책은 로봇들이 어떻게 인간의 노동을 완전히 대체하면서도 새로운 일자리를 창출할지 생생히 보여준다.

커머스의 풀필먼트가 휴머노이드 로봇과 자율주행 시대에 새로운 도전에 직면하는 순간, 중소 상인들이 글로벌 시장에 직접 도전할 수 있는 기회의 창이 열리는 순간, 당신은 이 거대한 파도에 휩쓸릴 것인가 아니면 그 파도를 탈 것인가?

이 책이 제시하는 FSDD(Full Self Driving & Delivery) 비전은 물류업계뿐만 아니라 모든 비즈니스의 미래를 바꿀 게임 체인저다. 유통•물류업계는 물론 모든 이커머스 종사자들이 반드시 읽어야 할 필독서다. 변화를 두려워할 시간이 없다. 지금 당장 행동하라.

박지원(쿠팡 물류서비스디자인실 실장)

서문

## AI가 여는 유통 혁명

2025년 유통 산업이 대전환기를 맞이하고 있다. 생성형 AI의 등장은 산업의 근간을 뒤흔들고 있다. 챗GPT로 촉발된 AI 혁명이 우리가 물건을 사고파는 방식 자체를 재편하고 있다. 이는 산업혁명 이후 가장 큰 변화가 될 것으로 예측된다.

지금까지 유통 산업의 혁신은 '플랫폼'이 주도했다. 아마존, 알리바바, 네이버와 같은 거대 플랫폼들은 판매자와 구매자를 연결하고 광고와 수수료를 통해 수익을 창출하는 비즈니스 모델을 구축했다. 이들은 방대한 상품 데이터베이스와 고도화된 추천 알고리즘으로 소비자들의 쇼핑 경험을 혁신했다. 특히 코로나19 팬데믹을 거치며 이러한 플랫폼의 영향력은 더 커졌고 이제는 일상생활의 필수 요소가 되었다.

생성형 AI의 등장은 플랫폼 중심의 질서를 재편하고 있다. AI는 추천과 검색을 넘어 소비자의 맥락과 의도를 깊이 이해하고 최적의 쇼핑 경험을 제공한다. AI는 사용자의 취향, 생활 패턴, 구매 이력을 종합적으로 분석해 그들이 진정으로 원하는 것이 무엇인지 파악하고 때로는 사용자가 묻기도 전에 적절한 제품을 추천할 수 있게 되었다.

휴머노이드 로봇과 자율주행 기술의 발전은 물류의 완전 자동화를 실현하며 유통 산업의 새로운 지평을 열고 있다. 테슬라의 옵티머스, 피겨 AI(Figure AI)의 로봇들은 실제 작업 현장에서 그 가능성을 입증하고 있다. 자율주행 기술의 발전은 배송의 완전 자동화를 예고하며 24시간 무중단 배송이라는 꿈을 현실로 만들어가고 있다.

이러한 변화들이 서로 맞물려 시너지를 만들어내고 있다는 점이 주목할 만하다. AI의 발전은 로봇의 성능을 높이고 로봇의 실전 투입은 더 많은 데이터를 생성해 AI의 발전을 가속화한다. 자율주행 기술의 발전은 물류 자동화를 촉진하고 이는 다시 전체 유통 시스템의 효율성을 높인다. 이러한 선순환은 변화의 속도를 더 가속화할 것이다.

특히 국내 플랫폼 기업들은 이 변화에 대한 대응이 시급하다. 네이버는 자체 AI 기술력을 바탕으로 쇼핑 경험을 혁신해야 하며 카카오모빌리티는 자율주행 시대에 대비한 새로운 전략이 필요하다. 쿠팡은 물류 자동화를 통한 효율성 극대화를, 배달의민족은 AI와 로봇을 활용한 무인 배달 시스템 구축을 준비해야 할 것이다.

이 책에서는 AI가 가져올 유통 혁명의 모습을 종합적으로 조망한다. 빅테크 기업들의 AI 전략, 검색과 쇼핑의 패러다임 변화, 물류 자동화의 미래까지 우리가 마주할 변화의 모든 측면을 살펴볼 것이다. 각 기업의 구체적인 전략과 기술 발전 현황, 그리고 이것이 시장에 미칠 영향을 상세히 분석할 것이다.

이 분석을 통해 기업들은 다가올 변화에 대비하고 새로운 기회를 포착할 수 있을 것이다. 정책 입안자들에게는 새로운 시대를 대비한 제도적 준비의 지침이 될 것이며 투자자들에게는 미래 유망 분야를 발굴하는 데 도움이 될 것이다. 이 보고서를 통해 우리가 마주할 미래의 모습을 그려보고 이 변화의 시대를 슬기롭게 준비할 수 있을 것이다.

추천사 · 004
서문 | AI가 여는 유통 혁명 · 010

---

**제1부**

# AI를 통한 기존 산업의 혁신, 빅테크의 생성형 AI 전쟁

---

### ◆ 제1장
## 아마존의 혁신: 루퍼스가 여는 AI 쇼핑의 미래

| | |
|---|---|
| 고객 경험을 혁신하는 AI | 026 |
| 버추얼 트라이 온 및 핏 지원 | 029 |
| 광고주와 판매자를 위한 AI 혁신 | 031 |
| 물류와 운영을 혁신하는 AI | 033 |
| 지속 가능성을 위한 AI 도입 | 035 |
| 오프라인 매장에서의 AI 활용: 아마존 원 | 036 |

### ◆ 제2장
## 월마트의 반격: AI에 진심인 전통 유통의 혁신

| | |
|---|---|
| 고객 경험 혁신: 옴니채널 쇼핑의 미래 | 041 |
| 매장 운영 최적화: AI 기반 스마트 매장 | 045 |
| 공급망 관리 효율화: AI 기반 의사 결정 지원 | 048 |

◆ **제3장**
**구글의 도전: 생성형 AI로 쇼핑의 판을 바꾸다**

SGE: 검색 경험의 변화 — 054
버추얼 트라이 온: 의류 쇼핑의 새로운 방식 — 056
AR 뷰티 툴: 화장품 쇼핑의 변화 — 059
구글 AI 쇼핑: 패션디자이너 — 061
구글 렌즈와 서클 투 서치: 구글의 AI 비전 쇼핑 — 063

──── 제2부 ────
**새로운 질서의 형성:
검색의 종말**

◆ **제4장**
**대화형 검색이 바꾸는 쇼핑 경험**

키워드 검색에서 대화형 검색으로 — 071
서치GPT: 비관론을 넘어선 새로운 수익 모델 — 074
구글의 대응: 신중한 투 트랙 전략 — 077
네이버의 도전: 시간과의 경주 — 080
새로운 검색 시장의 승자 — 083

◆ 제5장
## 서치GPT가 보여준 가능성

| | |
|---|---|
| 플랫폼의 위기를 보여주는 네이버의 새로운 도전 | 086 |
| 챗GPT가 보여준 진정한 AI 쇼핑 에이전트의 가능성 | 088 |
| 두 접근 방식의 근본적 차이 | 095 |

◆ 제6장
## 대화형 쇼핑 플랫폼의 현실화: 퍼플렉시티 쇼핑

| | |
|---|---|
| 퍼플렉시티 쇼핑의 핵심 기능 | 102 |
| 퍼플렉시티의 생태계 구축 전략 | 105 |

---
## 제3부
# 쇼핑 에이전트가 바꿀 미래의 쇼핑
---

◆ 제7장
## 생성형 AI의 킬러앱으로 부상하는 AI 에이전트

| | |
|---|---|
| AI 에이전트의 등장과 중요성 | 111 |
| AI 에이전트의 정의와 기존 대규모 언어 모델과의 차이점 | 112 |
| AI 에이전트의 발전 과정 | 116 |
| 에이전틱 워크플로우: AI 에이전트의 협업과 오류 방지 모델 | 117 |

◆ 제8장
### AI 에이전트의 현실화: 클로드의 도전

| | |
|---|---|
| 클로드 컴퓨터 유지 기능 | 122 |
| AI 에이전트 시대의 서막 | 126 |

◆ 제9장
### 쇼핑을 지배할 하드웨어 플랫폼 전쟁: 온디바이스 AI

| | |
|---|---|
| 1차 플랫폼 전쟁: 구글과 애플의 치열한 격돌 | 131 |
| 새로운 전장: 온디바이스 AI | 133 |
| 온디바이스 AI는 무엇인가? | 135 |
| 경쟁의 시작: 구글과 삼성, 애플과 오픈AI의 연합 | 138 |

◆ 제10장
### 넥스트 스마트폰의 준비: 메타의 AR+AI 전략

| | |
|---|---|
| 오리온: AR의 새로운 지평을 열다 | 144 |
| 레이밴 메타 AI 글래스: 일상 속 AR의 진화 | 148 |
| 메타퀘스트 3s: VR/AR의 대중화를 향한 도전 | 150 |
| 라마 3.2: 메타의 야심 찬 AI 전략 | 152 |
| 메타 AI: 일상 속 지능형 어시스턴트 | 154 |

---- 제4부 ----

# 플랫폼 커머스의 종말

## ◆ 제11장
### PSA 시대와 플랫폼 커머스의 종말

| | |
|---|---|
| PSA 시대의 쇼핑 시나리오 | 161 |
| PSA 시대, 플랫폼 커머스의 재편 | 165 |
| PSA 시대, 기업들의 과제 | 172 |

## ◆ 제12장
### 카카오의 반격: 메시지 플랫폼에서 AI 쇼핑 게이트웨이로

| | |
|---|---|
| 카카오의 게이트웨이 경쟁력: 국민 메신저의 힘 | 178 |
| 카카오의 컨텍스트 이해 능력: 대화 데이터의 가치 | 181 |
| 카카오의 AI 전략: AI 오케스트레이션 전략 | 184 |
| 애플과의 전략적 유사성: 플랫폼 중심의 AI 통합 | 187 |
| 카카오의 AI 쇼핑 에이전트 실현 가능성 | 189 |
| AI 쇼핑 에이전트로서의 카카오 경쟁력 분석 | 192 |
| 네이버와 쿠팡의 대응 과제 | 195 |

## 제5부

# 휴머노이드 로봇 혁명

### ◆ 제13장
### 생성형 AI가 가져온 로봇 혁명

| | |
|---|---|
| 휴머노이드 로봇들의 등장: 상상을 뛰어넘는 현실 | 203 |
| 휴머노이드 로봇 혁명의 비밀: 생성형 AI의 힘 | 207 |
| 산업 현장의 혁명 | 211 |
| 가정의 변화: 가사노동에서의 해방이 가능할까? | 214 |

### ◆ 제14장
### 빅테크의 로봇 전쟁: 테슬라 옵티머스

| | |
|---|---|
| 머스크의 비전: 노동의 재정의 | 220 |
| 테슬라의 숨겨진 무기: 기술 통합의 힘 | 222 |
| 대량 생산의 마법: 가격 혁명 | 224 |
| 시장 전략: 산업용에서 가정용으로 | 225 |

### ◆ 제15장
### 빅테크의 로봇 전쟁: 엔비디아의 그루트

| | |
|---|---|
| 그루트 2.0: 휴머노이드 로봇 개발의 꿈, 엔비디아가 현실로 만든다 | 230 |
| 대규모 비전 모델: 로봇 개발의 혁신을 이끄는 그루트 2.0의 핵심 AI 엔진 | 234 |
| 아이작 심: 로봇용 가상 놀이터, 현실 세계를 그대로 담다 | 237 |
| 젯슨 토르: 로봇의 두뇌를 깨우는 강력한 심장 | 240 |
| 엔비디아, 휴머노이드 로봇 '드림팀' 결성: 플랫폼 지배 전략의 서막 | 243 |
| 경쟁 구도: 테슬라 vs 엔비디아 연합 | 247 |

◆ 제16장
## 현실이 되는 물류 로봇: 피겨 AI의 헬릭스

| | |
|---|---|
| 피겨 AI의 헬릭스: 물류에 특화된 휴머노이드 로봇 | 250 |
| 물류 현장에 특화된 헬릭스의 핵심 기술 | 253 |
| 헬릭스가 가져올 물류 현장의 변화 | 258 |
| 국내 물류 현장에 미칠 영향 | 262 |

---

제6부

# 자율주행과
# 무인 배송의 미래

---

◆ 제17장
## 테슬라의 완전자율주행 로보택시 전략

| | |
|---|---|
| 자율주행 택시 시장: 기존 플레이어들의 한계 | 270 |
| 테슬라의 비밀 무기: 수직 계열화 | 273 |
| 로보택시 시장 진입 전략 | 275 |
| 한국 시장의 도전과 기회 | 280 |

◆ 제18장
## 자율주행과 휴머노이드 로봇의 결합, 완전무인물류

| | |
|---|---|
| 자율주행과 물류 생태계의 융합 | 287 |
| FSDD 시스템 | 290 |
| FSDD가 가져올 미래 | 296 |

### ◆ 제19장
### 완전자율주행 상용화 시기

| | |
|---|---|
| 일론 머스크가 트럼프에 올인한 이유 | **300** |
| 트럼프와 머스크의 교감 | **302** |
| 결국 정부효율위원회 수장이 되다 | **303** |
| 실제 일론 머스크는 효율 전문가 | **305** |
| 트럼프와 일론 머스크는 자율주행 규제를 연방 차원으로 일원화할 것이다 | **307** |
| 사이버캡이 상용화 시기를 앞당길까? | **309** |

맺음말 | AI 유통 혁명과 우리의 대응     **311**

**제1부**

---

## AI를 통한 기존 산업의 혁신, 빅테크의 생성형 AI 전쟁

2024년 초 아마존이 AI 쇼핑 어시스턴트 '루퍼스(Rufus)'를 공개했다. 루퍼스는 대화하듯 쇼핑할 수 있는 첫 번째 생성형 AI 쇼핑 비서다. 35억 개가 넘는 제품 정보와 수억 건의 고객 리뷰를 학습한 루퍼스는 아마존의 쇼핑 경험을 근본적으로 바꾸고 있다.

월마트도 신속히 대응했다. AI를 적극적으로 도입해 역대 최고 실적을 달성했다고 발표한 것이다. 생성형 AI로 8억5천만 건 이상의 제품 데이터를 생성하고 개선했는데 이는 기존 인력으로 100배 이상 시간이 걸렸을 작업이다.

구글은 한발 더 나아갔다. 단순히 AI를 쇼핑에 도입하는 것을 넘어 쇼핑의 개념 자체를 재정의하려고 한다. 원하는 스타일의 옷을 AI가 직접 디자인해주는 '구글 AI 쇼핑(Shop with Google AI)'부터 실제 매장에서처럼 제품을 착용해보는 버추얼 트라이 온(Virtual Try-On)까지 구글은 온라인 쇼핑의 한계를 뛰어넘는 혁신적인 서비스들을 선보이고 있다.

빅테크 기업들의 이 같은 행보는 생성형 AI가 가져올 유통 혁명의 시작일 뿐이다. AI가 고객의 니즈를 정확히 이해하고 최적의 제품을 찾아주며 구매 과정 전반을 도와주는 시대가 도래하고 있다. 이는 단순한 기술 혁신이 아닌 쇼핑의 본질을 바꾸는 근본적인 변화다.

1부에서는 아마존, 월마트, 구글 세 기업의 AI 전략을 상세히 분석한다. 이들이 생성형 AI를 어떻게 활용해 쇼핑 경험을 혁신하고 있는지, 그리고 이것이 유통 산업에 어떤 변화를 가져올지 살펴본다. 세 기업의 전략은 각각 다르지만 모두 하나의 메시지를 전한다. 생성형 AI가 열어갈 새로운 쇼핑의 시대가 시작되었다는 것이다.

## 제1장

## 아마존의 혁신:
## 루퍼스가 여는 AI 쇼핑의 미래

생성형 AI는 이커머스에 어떤 변화를 가져올까?

요즘 이커머스업계는 또 한 번 큰 전환점을 앞두고 있다. AI가 쇼핑 과정을 전부 뒤흔들고 있기 때문이다. 제품 추천, 음성 쇼핑, 자동 물류, 실시간 가격 조정 같은 기능이 AI 덕분에 빠른 속도로 발전하고 있다. 그리고 그 한가운데 어김없이 아마존이 있다.

세계 최대 이커머스 기업이자 AI 선도 기업인 아마존이 AI를 어떻게 활용하고 있는지 살펴보면 온라인 쇼핑의 미래가 어떻게 펼쳐질지 어느 정도 짐작할 수 있다. 과연 고객 경험은 어떻게 달라지고 물류 시스템은 얼마나 더 효율적으로 바뀌고 개인화 서비스는 어디까지 확장될 수 있을까? 아마존이 직접 선보이는 주요 AI 기술을 통해 앞으로 이커머스가 어떤 모습으로 진화할지 알아보자.

## 고객 경험을 혁신하는 AI

아마존은 생성형 AI로 고객의 쇼핑 경험을 한층 업그레이드하고 있다. 그중에서도 가장 돋보이는 예는 AI 기반 쇼핑 어시스턴트 '루퍼스'다. 루퍼스를 이용하면 예전처럼 여러 제품을 직접 검색하고 비교하는 수고를 덜 수 있다. 그 대신 대화하듯이 필요한 상품을 물어보면 알아서 추천해 준다. 예를 들어 "이 커피메이커는 청소하기 쉽나요?" 또는 "이 아이섀도우는 비건 제품인가요?"라고 질문하면 루퍼스는 제품 설명과 고객 리뷰, 커뮤니티 Q&A를 참고해 자세한 답변을 제공해준다. 여기에 더해 고객이 사는 지역 날씨와 습도 같은 환경 정보를 고려해 그 지역에 적합한 제품 특징까지 안내해준다. 예를 들어 플로리다처럼 덥고 습한 곳에 적합한 풀 파라솔을 알려주는 식이다. 또한 여러 제품을 한눈에 비교할 수 있는 기능도 있어 고객이 더 쉽게 결정할 수 있도록 도와준다. "전기 드립 커피메이커와

핸드 드립 도구는 어떻게 다른가요?" 또는 "이 재킷을 세탁기에 넣어도 되나요?"라고 질문하면 제품 설명과 사용자 리뷰를 종합해 차이점을 간단히 요약해줘 원하는 정보를 빨리 얻고 더 정확한 선택을 할 수 있다.

루퍼스는 고객이 대화형으로 요청한 내용을 생성형 AI가 실시간으로 분석하고 그에 맞는 제품 설명과 비교 정보를 즉시 제공하는 시스템이다. 기존 검색 위주 시스템과 달리 대화 흐름을 파악해 더 정확하고 개인화된 추천을 해준다는 것이 가장 큰 차별점이다.

### 생성형 AI 리뷰 하이라이트

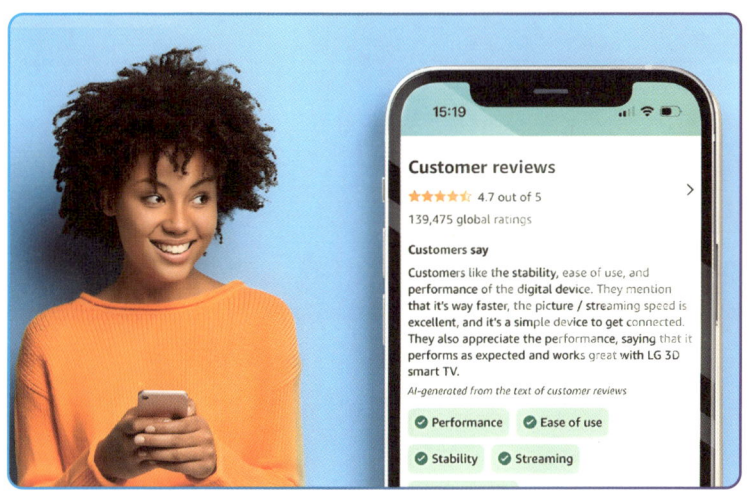

출처: 아마존

한편 아마존은 고객 리뷰를 분석해 핵심 내용을 요약해주는 '생성형 AI 리뷰 하이라이트(AI-Generated Review Highlights)' 기능도 선보였다. 생성형 AI가 여러 리뷰에서 공통된 반응을 추려 간단히 보여주기 때문에 복잡한 구매 결정을 쉽게 만들 수 있다. 예를 들어 특정 의류를 살 때 "사이즈가 정사이즈로 잘 맞는다", "원단이 부드럽다" 같은 의견이 많이 보이면 AI가 이 내용을 자동으로 추출해 깔끔히 요약해준다. 그 덕분에 고객은 모든 리뷰를 하나하나 읽을 필요 없이 필요한 정보를 빨리 확인하고 쇼핑 결정을 더 쉽게 내릴 수 있다.

## 버추얼 트라이 온 및 핏 지원

아마존은 '버추얼 트라이 온' 기능을 도입해 직접 입어보지 않고도 마치 착용한 것처럼 옷이 어떻게 어울릴지 미리 볼 수 있게 했다. 이 기능은 컴퓨터 비전과 생성형 AI가 결합된 기술로 특정 옷을 골랐을 때 실제로 어떤 모습일지 가상으로 보여준다. 예를 들어 버추얼 트라이 온 기능에서 옷을 선택하면 AI가 사용자의 신체 정보에 가상 이미지를 합성해 실제로 입었을 때 화면에 어떻게 보일지 시뮬레이션해준다. 온라인 쇼핑에 늘 따라다니던 직접 입어보지 못하는 문제가 어느 정도 해소되어 의류나 액세서리처럼 핏이 중요한 제품을 살 때 매우 유용하다.

여기에 더해 '핏 리뷰 하이라이트(Fit Review Highlights)' 기능까지 연동되어 사이즈 선택이 더 쉬워진다. 예를 들어 한 고객이 청바지를 사려고 가상 착용 기능으로 미리 입어본 후 리뷰 하이라이트에서 "허리가 작게 나왔다"라는 평가가 많은 것을 확인할 수 있다. 이처럼 AI는 버추얼 트라이 온 데이터와 사용자 리뷰를 함께 분석해 그 고객에게 더 잘 맞는 사이즈를 추천해준다.

버추얼 트라이 온

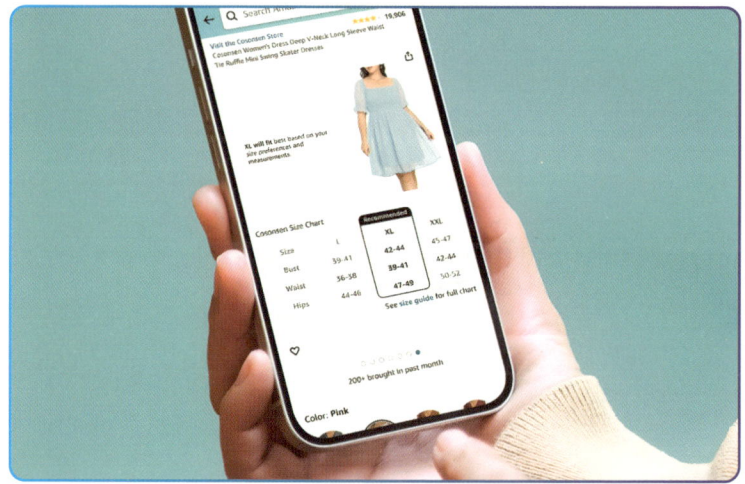

출처: 아마존

## 광고주와 판매자를 위한 AI 혁신

아마존은 아마존에서 상품을 판매하는 판매자들을 위한 다양한 AI 도구도 내놓고 있다. 예를 들어 '핏 인사이트 툴(Fit Insights Tool)'은 대규모 언어 모델(LLM, Large Language Model)을 활용해 고객 피드백을 수집·분석하는 기능이다. 만약 특정 셔츠에 대해 "어깨가 좁다"라는 의견이 자주 올라오면 이를 AI가 자동으로 파악해 판매자에게 알려준다. 판매자는 이런 데이터를 참고해 제품 디자인을 손보거나 더 정확한 사이즈 정보를 제공할 수 있다. 그만큼 고객의 요구를 더 세밀히 반영하고 제품 품질도 개선할 수 있게 된다는 뜻이다.

아마존은 생성형 AI로 광고주들이 광고 이미지를 손쉽게 만드는 방법도 제공한다. '아마존 애드 콘솔(Amazon Ad Console)'에 제품 이미지를 등록하면 AI가 실제 생활 환경에 맞추어 이미지를 알아서 변환해준다. 예를 들어 흰색 배경의 토스터 사진을 주방 카운터 위에 자연스럽게 합성해주어 고객 입장에서는 실제 사용 장면을 쉽게 떠

## 아마존 애드 콘솔

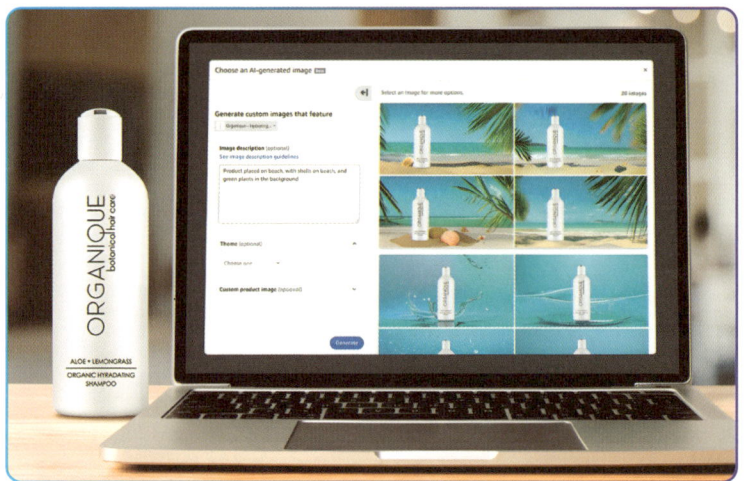

출처: 아마존

올릴 수 있다. 실제로 이 기능을 사용해 광고 클릭률이 40% 이상 증가한 사례도 있다고 한다.

게다가 '자동화된 제품 설명(Automated Product Description)' 기능이 나와 판매자들이 상세 페이지를 만드는 부담도 훨씬 줄었다. 예전에는 아마존에 물건을 올릴 때 아마존이 요구하는 형식으로 제품 설명을 직접 작성해야 했지만 이제는 자기 웹사이트 주소(제품 URL)만 입력하면 된다. 그러면 AI가 그 페이지 내용을 분석해 아마존의 기준에 맞는 설명으로 자동으로 변환해준다. 그 덕분에 판매자들은 제품 등록 절차를 단축하고 판매를 한결 쉽게 진행할 수 있게 되었다.

# 물류와 운영을 혁신하는 AI

아마존 물류 시스템은 AI 덕분에 훨씬 효율적이고 정확해졌다. 예를 들어 '프로젝트 PI(Project PI)'라는 솔루션은 물류 센터에서 컴퓨터 비전 기술을 사용해 상품의 품질을 실시간으로 검사한다. 책 표지가 구겨지거나 상품이 망가진 것을 AI가 자동으로 찾아내 불량품을 걸러내는 식이다. 예전에는 사람이 직접 눈으로 확인해야 했지만 이제는 AI가 훨씬 빠르고 정확히 처리해주면서 물류 관리 속도와 정확도가 크게 향상되었다.

AI는 물류 운영 전체를 관리하고 수백만 종의 상품을 동시에 분석해 문제가 있는 물건이 고객에게 배송되지 않게 해준다. 그 덕분에 고객 만족도도 올라가고 중간에 생길 수 있는 실수도 크게 줄었다.

배송 현장에서도 AI는 빛을 발한다. 예를 들어 배송 기사가 물건을 어디에 두어야 할지 고민할 때 아마존의 AI는 예전 배송 기록을 참고해 잘 맞는 위치를 추천해준다. 비슷한 상황에서 다른 기사들이 주로 어떻게 했는지 분석해 최적의 대안을 신속히 제시하는 것이다. 또한 운전자가 피로해 보이면 쉬라고 알려주는 기능도 있어 안전 측면에서도 한층 강화되었다.

## 지속 가능성을 위한 AI 도입

아마존은 환경 보호를 위해 AI 기술을 적극적으로 도입하고 있다. 예를 들어 '패키징 디시전 엔진(Packaging Decision Engine)'은 제품의 크기, 모양, 내구성을 분석해 가장 효율적인 포장 방법을 자동으로 찾아준다. 그 덕분에 불필요한 포장재 사용을 크게 줄였고 현재까지 200만 톤 이상의 포장재를 절감하는 성과를 냈다. 또한 고객의 피드백을 반영해 포장 방식을 더 개선하는 작업에도 AI가 쓰이고 있다.

아마존은 '플라밍고(Flamingo)'라는 AI 알고리즘으로 각 제품의 탄소 발자국을 자동으로 계산해 친환경 소비를 돕고 있다. 제품 설명과 제조 공정을 분석해 환경 영향도를 추산하고 그 정보를 고객에게 제공하는 방식이다. 예를 들어 특정 티셔츠를 만드는 과정에서 발생하는 탄소 배출량을 자동으로 산출해 보여주면 고객은 더 친환경적인 제품을 선택하기 훨씬 쉬워진다.

## 오프라인 매장에서의 AI 활용: 아마존 원

아마존은 '아마존 원(Amazon One)'이라는 결제 시스템을 선보여 손바닥 인식만으로 결제할 수 있게 했다. 물건을 고르고 손바닥만 갖다 대면 결제가 끝나니 훨씬 빠르고 편리한 쇼핑이 가능한 셈이다. 특히 코로나19 이후 비대면 결제에 대한 관심이 커지면서 이 기술의 가치가 더 주목받고 있다.

'아마존 원'은 주류 구매 시 신원 확인에도 사용된다. 손바닥 인식을 통해 나이를 확인하니 주류 판매 절차가 훨씬 간편하고 신속해진 것이다. 이처럼 아마존은 오프라인 매장에서도 AI를 적극적으로 활용해 혁신적인 서비스를 계속 만들어가고 있다.

## 아마존 원

출처: 아마존

제2장

**월마트의 반격:
AI에 진심인 전통 유통의 혁신**

2024년 2분기 월마트(Walmart)는 AI 기술을 적극적으로 활용해 사상 최고 실적을 거두었다고 발표했다. 구체적인 수치를 살펴보면 2분기 매출은 전년 동기 대비 4.8% 오른 1,693억4천만 달러(약 230조 원)였고 영업이익은 8.5% 상승한 79억 달러(약 10조7,200억 원)에 달했다.

더그 맥밀런(Doug McMillon) 월마트 사장은 AI 도입의 효과를 구체적인 예를 들어 설명했다. 그의 말에 따르면 월마트는 다양한 대규모 언어 모델을 활용해 제품 카탈로그에서 8억5천만 건 이상의 데이터를 생성하거나 개선했다. 맥밀런 사장은 생성형 AI 기술이 없었다면 지금보다 무려 100배나 많은 인력이 필요했을 것이라고 주장했다.

지난 몇 년 동안 월마트는 AI가 적용된 자동 지게차나 AI 기반 자동 결제 시스템 등 다양한 혁신 기술을 매장에 도입해왔다. 최근에는 한 단계 더 나아가 생성형 AI를 활용한 첨단 쇼핑 도우미 서비스를 선보이며 고객 경험을 한층 더 업그레이드하고 있다.

이러한 성과는 AI가 실제 비즈니스 성과에 얼마나 큰 영향을 미치는지를 잘 보여준다는 평가를 받는다. AI 기술로 생산성이 높아지면서 실질적인 매출과 이익이 함께 늘어났다는 점에서 월마트의 사례는 유통업계 전반에 큰 파장을 일으키고 있다.

이제 월마트가 AI를 어떻게 활용하고 그 효과는 어떤지 세 가지 핵심 영역으로 나누어 살펴보자. 첫째, 고객 경험 혁신, 둘째, 매장 운영 최적화, 셋째, 공급망 관리의 효율화다. 각 영역에서 월마트가 AI를 구체적으로 어떤 방식으로 적용하고 있고 그 결과는 어떤지 살펴보자.

# 고객 경험 혁신:
## 옴니채널 쇼핑의 미래

### 월마트 보이스 오더(Walmart Voice Order) 및 텍스트 투 샵(Text to Shop)

월마트는 음성과 텍스트를 활용한 쇼핑 서비스를 통해 고객이 장바구니를 더 편리하게 채울 수 있도록 도와준다. 예를 들어 어떤 가정에서 부모가 돌보던 아이가 갑자기 다쳤을 때 "헤이, 시리(Hey, Siri)"나 "오케이, 구글(OK, Google)"이라고 말하고 나서 "월마트 장바구니에 밴드 에이드(Band-Aid) 추가해줘"라고 요청할 수 있다. 그러면 월마트의 AI 시스템이 곧바로 이 음성 명령을 처리하고 고객의 과거 구매 기록을 분석해 그 가정에서 주로 쓰는 '슈퍼히어로(Superhero) 밴드 에이드'를 자동으로 담아준다.

이 서비스는 고도화된 자연어 처리(NLP) 기술을 토대로 동작한다. 예를 들어 버트(BERT) 같은 최신 NLP 모델로 고객의 의도를 정확히 파악하고 협업 필터링과 딥러닝 기반 추천 시스템을 활용해 예전 구매 이력과 선호도를 분석함으로써 개인화된 제품 추천을 제공한다.

### 텍스트 투 샵 사용 예시

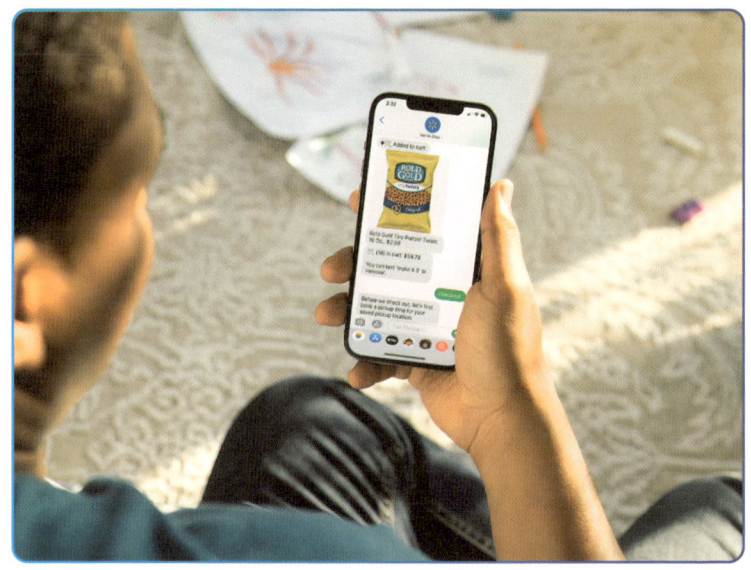

출처: 월마트

## 생성형 AI 서치

월마트는 생성형 AI 기반의 새로운 쇼핑 도우미 서비스를 도입했다. 이 시스템은 고객이 복잡한 질문을 해도 이해하고 맞춤형 상품을 추천해준다. 예를 들어 고객이 '축구 경기 관람 파티 준비'라고 검색했다고 가정해보자. 월마트의 생성형 AI는 이 검색어(쿼리, query)

를 분석해 여러 항목으로 나누어 결과를 보여준다. 먼저 간식 코너에서는 고객이 좋아하는 브랜드와 맛의 치토스, 각종 디핑 소스, 피자나 핫도그 재료 등을 제안한다. 음료 섹션에서는 콜라나 사이다 같은 탄산음료와 생수를 추천한다.

파티용품으로는 일회용 접시와 컵, 냅킨, 축구 테마 장식품을 권한다. 또한 음료를 차갑게 유지할 아이스박스나 야외 관람용 휴대용 의자 같은 필수품도 함께 제안한다. 각 추천 항목에는 월마트에서 구매할 수 있는 제품 링크가 제공되며 고객의 과거 구매 이력과 선호도를 반영해 특정 브랜드나 가격대의 제품을 골라준다.

이 기능은 GPT-3.5 같은 대규모 언어 모델을 기반으로 하고 월마트가 보유한 방대한 제품 데이터베이스와 고객 행동 데이터를 파인튜닝(fine-tuning)했다. 특히 제품 카탈로그, 재고 관리 시스템, 개인화 엔진과 실시간으로 연동되어 항상 구매 가능한 최신 상태의 제품을 추천한다.

## 뷰 인 유어 홈(AR쇼핑)

월마트는 AR 기술을 활용해 고객이 집 안에 놓을 가구나 가전제품을 가상으로 미리 배치해볼 수 있도록 지원한다. 예를 들어 한 고객이 거실에 새 소파를 놓고 싶다면 월마트 앱에서 '뷰 인 유어 홈(View in Your Home)' 기능을 켜고 원하는 소파를 고르면 된다. 앱은 카메라를 켜고 거실을 스캔하라고 안내하고 거실을 스캔하면 AR 기술이 즉시 작동해 3D로 렌더링된 소파를 실제 공간 위에 배치해 보여준다.

  이 기능은 컴퓨터 비전(computer vision)과 3D 모델링 기술을 토대로 한다. 슬램(SLAM, Simultaneous Localization and Mapping) 알고리즘으로 실내 공간을 정밀하게 매핑하고 딥러닝 기반 객체 인식으로 가구와 벽면 등을 식별한다. 또한 실시간 렌더링을 위해 모바일 지피유(GPU) 최적화와 클라우드 렌더링(cloud rendering) 기술을 혼합해 사용한다.

뷰 인 유어 홈

출처: 월마트

# 매장 운영 최적화: AI 기반 스마트 매장

## 아스크 샘

아스크 샘(Ask Sam)은 월마트 직원용 AI 음성 비서다. 이 기능은 직원들이 매장 안에서 업무를 더 효율적으로 처리할 수 있게 도와준다.

예를 들어 한 직원이 "치토스가 어디 있지?"라고 아스크 샘에게 물으면 시스템은 곧바로 음성 명령을 인식하고 매장의 레이아웃 데이터를 분석해 "치토스는 12번 통로, 3번 선반에 있습니다"라고 알려준다. 나아가 "현재 재고는 20개이고 오늘 오후 50개가 추가로 들어올 예정입니다"라는 재고 정보도 제공한다. 이밖에도 아스크 샘은 직원의 근무 일정, 실시간 매출 데이터, 목표 달성률, 타 부서 근무자 정보 등도 알려줘 팀 간 협업을 돕는다.

이 시스템은 복잡한 매장 환경에서도 음성 인식을 정확히 수행하는 고급 AI 모델을 사용한다. 실시간 데이터베이스인 쿼리와 자연어 처리 기술을 결합해 직원들의 다양한 질문에 즉시 답변할 수 있다. 그리고 매장의 레이아웃, 제품 정보, 재고 상태, 직원 일정 등을 체계적으로 저장·검색하도록 지식 그래프(knowledge graph) 기술도 적용되어 있다.

아스크 샘에게 치토스의 위치를 묻는 매장 직원

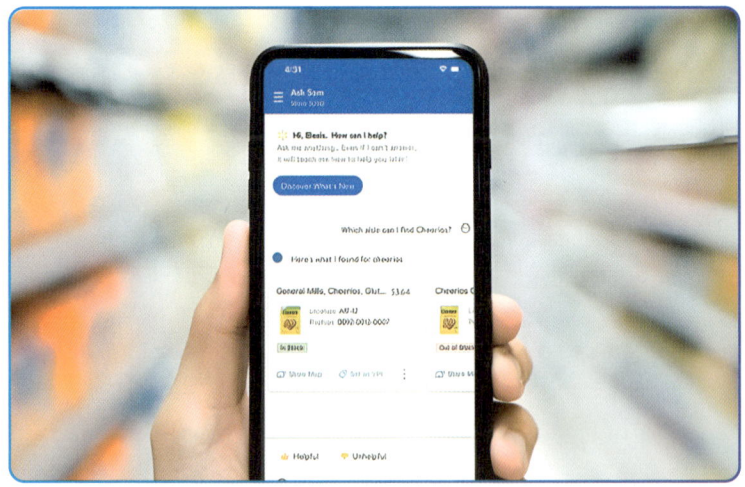

출처: 월마트

## 인스토어 AR 테크놀로지(In-Store AR Technology)

월마트는 매장 내 AR 기술로 고객 경험을 한층 혁신하고 있다. 고객이 스마트폰으로 매장 선반을 스캔하면 개인화된 제품 정보를 바로 보여준다. 예를 들어 글루텐 프리 식단을 즐기는 고객이 시리얼 통로에 갔다고 가정해보자. 고객이 스마트폰으로 선반을 스캔하면 AR이 작동해 글루텐 프리 제품을 하이라이트해주는 동시에 각 제품의 영양 정보나 고객 리뷰, 할인 정보 등을 실시간으로 화면에 오버레이한다.

또한 이 기술은 고객 쇼핑 리스트와 연동되어 쇼핑 리스트에 '치즈 스낵'이 있다면 그 제품이 놓인 선반을 지날 때 알림을 주고 AR을 통해 그 위치를 정확히 가리켜준다. 이렇게 컴퓨터 비전, 실시간 이미지 처리(real-time image processing), 개인화(personalization) 알고리즘을 복합적으로 적용해 구현된다. 특히 실시간 객체 인식 기술로 수많은 제품을 즉시 식별하고 고객의 선호도와 요구 사항에 맞춰 정보를 화면에 오버레이한다. 또한 엣지 컴퓨팅(edge computing)을 활용해 모바일 기기에서도 빠른 속도로 처리할 수 있도록 했다.

## 공급망 관리 효율화: AI 기반 의사 결정 지원

### AI 파워드 서플라이어 네고시에이션(AI-Powered Supplier Negotiations)

월마트는 AI를 활용해 공급업체와의 협상을 자동화하고 있다. 이 시스템은 재고 관리, 가격 협상, 주문량 결정 등 다양한 측면에서 의사 결정을 지원한다. 그 구체적인 사례로 월마트가 89개 공급업체와 거래하는 상황을 들 수 있다. AI 시스템은 각 공급업체의 과거 거래 데이터, 시장 동향, 월마트의 재고 상황, 예측 수요 등을 종합적으로 분석해 이를 바탕으로 최적의 주문량과 협상 전략을 수립한다.

예를 들어 AI 시스템이 특정 브랜드의 치약 재고가 향후 2주 안에 부족할 것으로 예측했다고 가정해보자. 시스템은 해당 공급업체와의 협상을 자동으로 시작한다. 이 과정에서 AI는 과거 거래 기록, 현재의 시장 가격, 경쟁사 동향 등을 고려해 최적의 주문량과 가격을 제안한다. 현재 시장 가격보다 3% 낮은 가격에 10,000개를 주문하고 빠른 배송을 조건으로 제시하는 식의 구체적인 협상 전략을 수립한다.

이 시스템을 도입한 결과 월마트는 89개 공급업체와의 거래에서 64%의 성사율과 평균 1.5%의 비용 절감 효과를 달성했다. 이는 연간 수백만 달러의 비용 절감으로 이어질 수 있는 중요한 성과다.

이 시스템은 예측 분석, 최적화 알고리즘, 강화학습 모델의 복합적인 적용으로 구현되었다. 예측 분석 모델은 시계열 분석과 머신러닝 기법을 결합해 미래 수요와 가격 동향을 예측한다. 최적화 알고리즘은 선형 계획법과 같은 수학적 모델을 사용해 최적의 주문량과 가격을 결정한다. 강화학습 모델은 각각의 협상마다 결과를 학습해 전략을 개선한다.

## 인벤토리 매니지먼트와 디맨드 포캐스팅(Inventory Management and Demand Forecasting)

월마트는 AI를 활용해 재고 관리와 수요 예측을 정교화하고 있다. 과거 판매 데이터, 시즌별 트렌드, 날씨 예보, 지역 이벤트 등 다양한 요인을 고려해 각 제품의 수요를 예측한다.

예를 들어 다가오는 주말에 특정 지역에서 바베큐 관련 제품 수요가 급증할 것으로 시스템이 예측했다고 가정해보자. 이 예측은 날씨 예보(맑고 따뜻한 날씨), 지역 이벤트(지역 축제), 과거의 유사한 상황에서의 판매 데이터를 종합적으로 분석한 결과다. 시스템은 이 정보를 바탕으로 해당 지역 매장의 바베큐 그릴, 숯, 고기 등의 재고를 자동으로 조정한다.

이 시스템은 딥러닝 기반의 시계열 예측 모델, 앙상블 학습 기법, 베이지안 최적화 등 다양한 AI 기술을 활용한다. 특히 실시간 데이터 스트리밍과 연계해 예측 모델을 지속적으로 업데이트하고 정확도를 개선한다. 이러한 AI 기반의 공급망 관리 효율화는 월마트의 운영비용을 크게 절감해주고 있다. 더 나아가 제품의 과잉 재고나 재고 부족 상황을 최소화해 고객 만족도를 높이고 있다. 이는 월마트가 2분기에 달성한 4.8%의 매출 증가와 8.5%의 영업이익 증가에 직접 기여하는 것으로 분석된다.

월마트의 이러한 종합적인 AI 활용 전략은 유통 산업의 미래를 보여주는 선례로 평가받고 있다. AI 기술을 고객 경험 개선, 매장 운영 최적화, 공급망 관리에 전략적으로 적용함으로써 월마트는 디지털 시대의 새로운 유통 모델을 제시하고 있다. 이는 다른 유통업체들에게도 중요한 벤치마킹 사례가 될 것으로 보인다.

제3장

구글의 도전:
생성형 AI로 쇼핑의 판을 바꾸다

최근 구글의 움직임이 심상치 않다. 검색 광고 분야에만 있던 구글이 유튜브를 통해 실제 상품을 판매하는 쇼핑 서비스를 시작한 것이다. 더 주목할 점은 구글이 생성형 AI를 활용한 새로운 쇼핑 서비스들을 잇달아 선보이고 있다는 것이다. 이는 구글의 기존 전략과 확연히 다른 행보다. 이러한 구글의 행보는 여러 의문을 불러일으킨다. 구글은 왜 갑자기 실제 상품을 판매하는 쪽으로 전략을 바꾸려는 것일까? 구글은 아마존, 알리바바, 이베이와 같은 이커머스 기업으로 정말 변모하려는 것일까? 그리고 구글이 야심 차게 개발 중인 생성형 AI 기술은 이러한 전략 변화에 어떤 역할을 할 수 있을까?

언뜻 보면 의아할 수 있다. 구글과 쇼핑이라니. 하지만 자세히 들여다보면 이는 자연스러운 행보인지도 모른다. 구글은 이미 세계 최대 검색 엔진을 보유하고 있으며 유튜브라는 거대한 동영상 플랫폼의 주인이자 안드로이드라는 모바일 OS로 스마트폰도 지배하고 있다. 이 모든 것을 쇼핑과 연결할 수 있다면 그 파급력은 상당할 것이다.

구글의 계획은 단순히 새로운 쇼핑몰을 만드는 것이 아닌 것 같다. 그들의 목표는 온라인 쇼핑의 근본적인 문제들을 해결하고 실제 매장에서의 쇼핑 경험을 온라인으로 옮겨오겠다는 야심 찬 계획으로 보인다. 매장에서 점원과 대화하며 물건을 고르는 경험, 옷을 직접 입어보고 핏을 확인하는 순간의 희열, 화장품을 얼굴에 발라보고 고르는 즐거움, 신발을 신어보고 걸어보는 느낌. 이 모든 것을 온라인에서 구현하려는 것 같다. 그것도 AI의 도움을 받아 더 똑똑하고 더 개인화된 방식으로 말이다.

만약 구글의 이러한 시도가 성공한다면 온라인 쇼핑의 판도가 바뀔 가능성이 크다. 어쩌면 쇼핑의 개념 자체가 변화할 수도 있을 것이다. 더 나아가 구글의 강점인 검색 기술과 AI 기술이 쇼핑과 결합한다면 소비자들의 쇼핑 경험은 어떻게 변화할 수 있을까? 그리고 이는 아마존의 독주에 어떤 영향을 미칠까?

이러한 의문들에 대한 답을 찾기 위해 구글이 준비 중인 기술들을 하나씩 살펴보고 이들이 쇼핑 경험을 어떻게 변화시킬 수 있는지 분석해보자. 이를 통해 구글의 궁극적인 전략이 무엇이고 이 전략이 온라인 쇼핑 시장에 어떤 변화를 가져올 수 있을지 예측해볼 수 있을 것이다.

구글이 준비 중인 기술들을 하나씩 살펴보자.

## SGE:
## 검색 경험의 변화

우선 검색 생성 경험(SGE, Search Generative Experience)이 있다. 이는 마치 매장 점원과 대화하듯 쇼핑할 수 있게 해주는 기술이다. 예를 들어 "수영장 파티용 블루투스 스피커를 찾고 있어요"라고 말하면 SGE가 방수 기능, 배터리 수명, 음량 등을 고려해 맞춤 제품을 추천해주는 것이다.

구글의 방대한 쇼핑 그래프와 연동되어 350억 개가 넘는 제품 정보를 분석한다니 상당히 정교한 추천이 가능할 것으로 보인다. 이 쇼핑 그래프는 매시간 20억 개 이상의 리스팅을 최신 가격, 재고 상태, 배송 정보 등으로 업데이트한다니 거의 실시간으로 정확한 정보를 제공할 수 있을 것 같다.

더 구체적인 예를 들어보자. '8km 출퇴근용 자전거 추천'이라는 검색어에 대해서는 자전거의 특성(예: 가벼운 무게, 내구성, 기어 시스템)을 요약해 제공하고 이에 맞는 자전거 모델들을 추천할 수 있다. '홈 세

프를 위한 좋은 선물'과 같은 포괄적인 검색어에 대해서는 전문 도구, 장인 재료, 요리 구독 서비스, 요리 수업 등 다양한 하위 카테고리를 제공한다고 한다. 심지어 '발명가가 되고 싶어 하는 7살짜리를 위한 선물'과 같은 매우 특정한 검색어에 대해서도 화학 세트부터 코딩 키트까지 창의적이고 구체적인 아이디어를 제공한다.

## 버추얼 트라이 온:
## 의류 쇼핑의 새로운 방식

의류 쇼핑의 난제인 피팅 문제도 해결하려는 것 같다. '버추얼 트라이 온' 기술을 개발 중인데 이는 단순히 옷 이미지를 덧씌우는 수준을 넘어 옷감이 늘어나고 구겨지는 모습까지 구현한다고 한다. 구글이 개발한 생성형 AI '디퓨전 트랜스포머'는 모델과 의상 이미지를 동시에 분석해 옷감이 늘어나거나 구겨지는 모습까지 구현한다고 한다.

이 기술은 저해상도 이미지에서 시작해 점진적으로 고해상도 이미지를 생성하는 '점진적 훈련 전략'을 사용한다. 또한 'VTO-UNet 디퓨전 트랜스포머'라는 새로운 기술을 통해 모델의 중요한 특징을 보존하면서 의상을 정확히 합성한다. 특히 드레스처럼 몸을 더 많이 덮는 의상에서도 '정체성 손실' 없이 사람의 신체 특성을 그대로 유지하면서 옷감 특성을 반영할 수 있다. 즉 사람의 신체 특성을 그대로 유지하면서 옷감의 특성을 반영해 실제 입었을 때 어느 부분

## 버추얼 트라이 온

출처: 구글 블로그

## VTO-UNet 디퓨전 트랜스포머

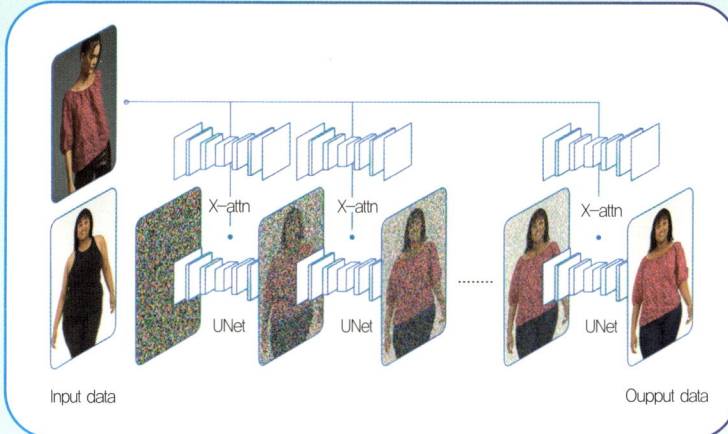

출처: 구글 블로그

에서 주름지고 어느 부분에서 늘어나고 구겨지는지를 정확히 표현할 수 있다.

여기에 다양한 인종, 체형과 피부톤의 모델을 제공해 소비자가 자신과 비슷한 모델에게 옷을 입혀볼 수 있게 할 계획이다. 이렇게 된다면 온라인에서도 실제로 옷을 입어본 것과 유사한 경험을 하게 될지도 모른다.

신발 쇼핑도 개선할 모양이다. AR 포 슈즈(AR for Shoes)라는 기술을 통해 신발을 360도로 돌려가며 볼 수 있게 할 계획이라고 한다. 제품 사진 몇 장만으로 AI가 3D 모델을 만들어 더 자세한 제품 확인이 가능하다고 한다. 이 기술은 3D 모델링 AI 기술, 이미지 보간(Image Interpolation) 기술, 텍스처 매핑 기술 등을 사용한다.

3D 모델링 AI 기술은 2D 이미지를 바탕으로 3D 모델을 생성한다. 이 과정에서 딥러닝 알고리즘이 사용되어 2D 이미지의 특징을 분석하고 이를 3D 공간으로 변환한다. 이미지 보간 기술은 제공된 이미지들 사이의 각도를 채워 부드러운 360도 뷰를 만든다. 이 기술은 주어진 이미지 사이의 중간 프레임을 생성해 자연스러운 회전 효과를 만들어낸다. 텍스처 매핑 기술은 고품질의 텍스처를 3D 모델에 적용해 사실적인 렌더링을 만들어낸다. 이 기술은 신발 재질의 특성(광택, 질감 등)을 정확히 표현해 실제 제품과 유사한 외관을 구현할 수 있을 것으로 보인다.

## AR 뷰티 툴: 화장품 쇼핑의 변화

화장품 쇼핑에도 변화가 있을 것으로 보인다. AR 뷰티 툴(AR Beauty Tools)이라는 기술을 통해 사용자의 얼굴에 가상으로 화장을 입혀볼 계획이다. 이 기술은 얼굴 인식 및 매핑 기술, AR 기술, 컬러 매칭 알고리즘을 결합한 것이다.

얼굴 인식 및 매핑 기술은 사용자의 얼굴 특징을 정확히 인식하고 분석한다. 얼굴의 주요 지점(랜드마크)을 식별하고 얼굴의 형태와 구조를 3D로 모델링한다. 증강 현실(AR) 기술은 가상의 메이크업을 실시간으로 사용자의 얼굴에 적용한다. 이 과정에서 조명 조건, 피부 텍스처, 얼굴 움직임 등을 고려해 자연스러운 결과를 만들어낸다. 컬러 매칭 알고리즘은 사용자의 피부톤에 맞는 최적의 색상을 추천한다. 이 알고리즘은 피부의 언더톤, 명도, 채도 등을 분석해 가장 어울리는 메이크업 색상을 제안할 수 있을 것으로 보인다.

이미 맥(MAC)의 매트 립스틱 인 칠리(Matte Lipstick in Chili)와 같은 라즈베리-레드 계열의 립스틱을 가상으로 시도해볼 수 있다. 어반 디케이(Urban Decay)의 네이키드 3(Naked 3) 팔레트와 같은 더스티 로즈와 모브 계열의 아이섀도우를 자신의 눈에 가상으로 적용해볼 수 있다. 로레알(L'Oreal) 브랜드의 다양한 헤어 컬러를 자신이나 선택한 모델에게 가상으로 적용해볼 수 있다. 파운데이션의 경우 148명의 다양한 모델 세트에서 파운데이션 색상이 어떻게 보이는지 확인하거나 자신의 얼굴에 직접 가상으로 적용해볼 수 있다.

AR 뷰티 툴

출처: 구글 블로그

## 구글 AI 쇼핑: 패션디자이너

'구글 AI 쇼핑'이라는 기술이 가장 눈에 띈다. 이는 사용자가 원하는 스타일의 의류를 텍스트로 설명하면 패션디자이너처럼 AI가 옷을 디자인해주는 서비스다. 예를 들어 사용자가 새로운 겨울 코트를 찾고 있는데 자신이 정확히 원하는 것을 찾지 못했다면 '화려한 패턴의 퍼퍼 재킷'과 같은 검색어를 이야기하면 AI가 재킷을 만들어 보여준다. 만약 패턴 대신 메탈릭한 재킷을 원한다고 말하면 '화려한 메탈릭 재킷'으로 변경해 새로운 메탈릭 재킷 여러 벌을 만들어 보여준다. 그중 마음에 드는 것을 고르면 그와 가장 유사한 재킷을 검색해주는 것이다.

## 구글 AI 쇼핑

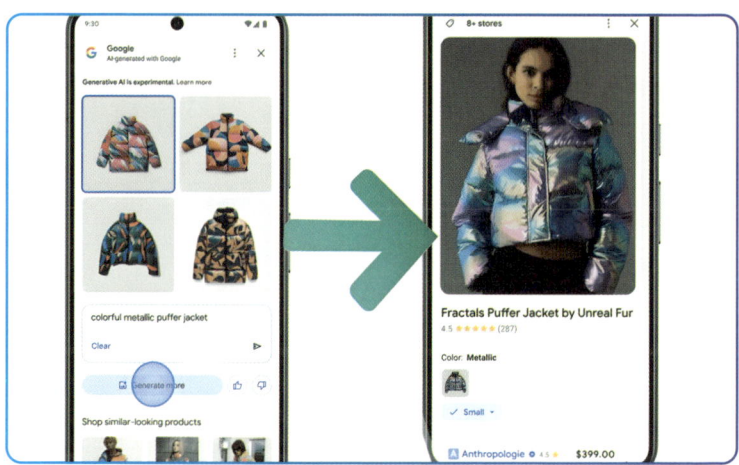

출처: 구글

    이 기술은 텍스트-이미지 생성 모델, 스타일 전이 기술, 조건부 이미지 생성 기술 등을 사용한다. 텍스트-이미지 생성 모델은 사용자의 텍스트 설명을 바탕으로 사실적인 이미지를 생성한다. 이 모델은 대규모 이미지-텍스트 쌍 데이터로 학습되어 텍스트 설명을 시각적 특징으로 변환할 수 있다. 스타일 전이 기술은 기존 이미지 스타일을 새로운 이미지에 적용할 수 있게 해준다. 조건부 이미지 생성 기술은 사용자의 요구 사항에 따라 이미지를 수정하고 생성할 수 있게 해준다. 구글의 이미지 생성 기술과 35억 개 이상의 상품 리스팅이 포함된 쇼핑 그래프를 연결해 사용자가 원하는 스타일을 만들어 줄 수 있다는 것이다.

## 구글 렌즈와 서클 투 서치: 구글의 AI 비전 쇼핑

구글 렌즈(Google Lens)라는 기술도 눈여겨볼 만하다. 이는 사용자가 카메라로 찍은 사진이나 스크린샷을 통해 쇼핑할 수 있게 해주는 시각 검색 도구로 보인다. 실제 세계의 물건을 온라인 쇼핑과 연결하는 브릿지 역할을 할 수 있을 것 같다. 예를 들어 사용자가 거리에서 본 드레스 사진을 찍으면 구글 렌즈가 유사한 드레스를 온라인에서 찾아주는 것이다.

또한 멀티서치 기능을 사용하면 갈색 드레스와 같은 특성이지만 다른 컬러의 드레스를 검색할 수도 있다. 여행 도중 찍은 사진도 활용할 수 있다. 예를 들어 이탈리아 여행 도중 먹었던 파스타 요리 사진을 구글 렌즈로 분석해 해당 요리에 대한 정보를 얻고 근처에서 비슷한 요리를 제공하는 레스토랑을 찾을 수 있는 것이다.

서클 투 서치(Circle to Search) 기술도 흥미롭다. 이는 픽셀(Pixel)과 삼성 갤럭시 기기에서 이미 사용되고 있다. 사용자는 화면에 보이는

## 구글 렌즈

출처: 구글 블로그

## 서클 투 서치

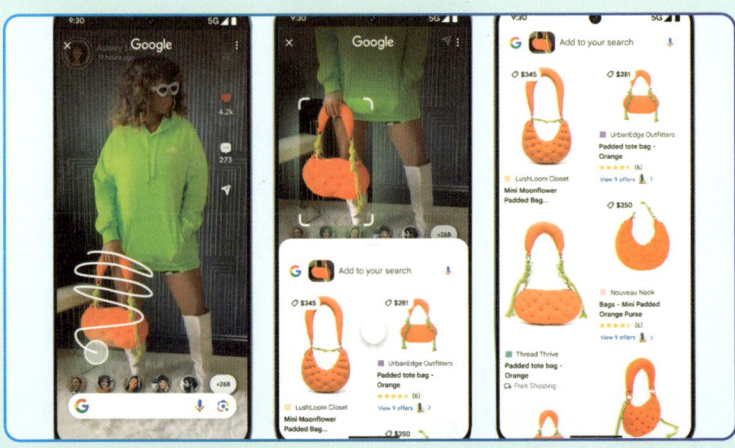

출처: 구글 블로그

어떤 것이든 원, 하이라이트, 낙서 등으로 표시하자마자 검색할 수 있다. 예를 들어 소셜미디어에서 본 가방 이미지에 원을 그리면 해당 가방과 유사한 제품들의 정보와 구매 링크가 표시된다. 독특한 패턴의 상의를 입은 사람을 보고 해당 부분을 동그라미로 표시하면 유사한 상품을 찾아준다. 온라인에서 아름답게 디자인된 회전 케이크 스탠드를 발견하고 이를 동그라미로 표시하면 해당 제품이나 유사한 제품을 쇼핑할 수 있다.

또한 이 기능은 쇼핑 외에도 다양한 정보 검색에 활용될 수 있다고 한다. 예를 들어 비디오에서 '프리바이오틱'이라는 단어가 적힌 음료를 보고 이를 하이라이트하면 해당 용어에 대한 설명을 볼 수 있는 것이다. 여행 관련 비디오나 소셜미디어 게시물에서 독특하게 설계된 건물을 발견하고 이를 표시하면 해당 건물의 정보도 얻을 수 있다. 친구들과의 그룹 채팅에서 추천받은 레스토랑 이름을 하이라이트하면 해당 레스토랑의 메뉴, 인기 요리, 사진, 고객 리뷰, 위치 등의 정보도 볼 수 있다고 한다.

서클 투 서치는 이미지 분할(Image Segmentation) 기술을 사용해 사용자가 지정한 영역을 정확히 인식한다고 한다. 이 기술은 픽셀 수준에서 이미지를 분석해 사용자가 관심을 가진 객체를 정확히 분리해 낼 수 있다. 객체 인식 AI는 이미지 내 객체를 식별하고 분류하는데 이는 딥러닝 기반의 컨볼루션 신경망(CNN)을 사용해 구현된다고 한다. 자연어 처리는 버트의 최신 언어 모델을 기반으로 한다니 상당히 정교한 검색이 가능할 것으로 보인다.

지금까지 구글이 개발 중인 생성형 AI 쇼핑 서비스들을 알아보았다. 이러한 기술들이 구글의 강력한 플랫폼인 구글 검색, 유튜브, 안드로이드 스마트폰에서 구현된다면 어떻게 될까? 이것이 바로 구글이 가진 힘일 것이다. 구글은 본인이 가진 가장 강력한 플랫폼에서 사용자들을 쇼핑으로 자연스럽게 유도할 수 있기 때문이다.

이러한 기술들이 실현된다면 사용자들은 옷도 화장품도 실제 매장에서 사는 것 같이 불편함 없이 쇼핑할 수 있을 것이다. 매장 직원과 대화하듯이 제품을 추천받을 수 있고 길을 가다가 촬영한 제품을 스마트폰으로 구매할 수 있고 유튜브를 보다가 발견한 립스틱을 직접 자기 입술에 발라볼 수 있고 스마트폰으로 인스타그램을 보다가 마음에 드는 드레스를 자신이 입은 이미지를 보면서 쇼핑할 수 있을 것이다.

구글의 이러한 시도가 성공한다면 우리가 알고 있는 온라인 쇼핑의 개념이 완전히 바뀔 것이다. 더 이상 단순히 제품을 검색하고 구매하는 것이 아니라 실제 매장에서 쇼핑하는 것과 같은 몰입감 있는 경험을 온라인에서도 할 수 있게 될지 모른다. 이는 소비자들에게 더 나은 쇼핑 경험을 제공하는 동시에 판매자들에게도 새로운 기회를 제공할 것이다.

앞으로 구글이 이러한 기술들을 어떻게 발전시키고 적용해 나갈지, 그리고 이에 대한 소비자들의 반응이 어떨지 주목해볼 만하다. 또한 아마존, 알리바바, 이베이 등 기존 이커머스 강자들이 이에 어떻게 대응할 것인지도 흥미로운 관전 포인트가 될 것이다.

**제2부**

---

**새로운 질서의 형성:**

**검색의 종말**

아마존, 월마트, 구글의 혁신적인 사례들에도 불구하고 현재의 AI 활용은 여전히 기존 비즈니스 모델의 틀 안에 머물러 있다. 개인화된 제품 추천, 가상 피팅, 자동화된 고객 서비스 등은 분명히 놀라운 성과이지만 이는 근본적으로 현재의 쇼핑 경험을 보완하는 수준에 머물러 있다. 이는 생성형 AI의 잠재력을 과소평가한 것이다.

지금 우리는 더 근본적인 변화의 시작점에 서 있다. 오픈AI(OpenAI)의 서치GPT(Search GPT)는 검색의 본질을 바꾸고 있다. 키워드 입력과 링크 나열이라는 20년 된 검색 방식이 자연스러운 대화로 진화하고 있다. 이는 단순한 UI의 변화가 아니다. 검색 결과에 지불하는 광고료로 순위가 결정되던 시대가 저물고 사용자의 진정한 니즈에 기반한 추천의 시대가 오고 있다는 뜻이다.

퍼플렉시티(Perplexity)는 이러한 변화를 쇼핑 영역으로 확장하고 있다. 더 이상 개별 쇼핑몰의 경계에 갇힐 필요가 없다. AI는 모든 플랫폼을 넘나들며 최적의 제품을 찾아낸다. 광고 없는 순수 추천, 플랫폼의 경계를 넘어선 통합 검색, 구독 기반의 새로운 수익 모델까지. 이것이 바로 디지털 커머스의 새로운 패러다임이다.

이제 이러한 변화들이 어떻게 시작되었고 기존 플랫폼들을 어떻게 재편하고 있는지, 그리고 앞으로 커머스의 미래를 어떻게 바꾸어 나갈지 자세히 살펴보자.

제4장

대화형 검색이 바꾸는
쇼핑 경험

## 키워드 검색에서 대화형 검색으로

검색 시장이 근본적인 변화를 맞이하고 있다. 구글은 글로벌 검색 시장에서 89.33%의 점유율을 자랑하고 있고 네이버는 한국에서 월간 활성 사용자 6,678만 명을 보유한 대표적인 검색 포털이다. 이들의 성공은 키워드 기반 검색과 광고 수익 모델의 결합에서 비롯되었다.

사용자가 키워드를 입력하면 검색 엔진은 관련 링크 목록을 제공한다. 이 목록 상단에는 광고주들의 링크가 배치되며 사용자들은 원하는 정보를 찾기 위해 여러 링크를 탐색해야만 했다. 이러한 구조는 검색 엔진 업체에게 막대한 광고 수익을 안겨주었지만 정보의 정확성과 접근성 측면에서 한계가 있었다.

이러한 시장 구조에 큰 변화를 가져올 것으로 예상되는 것이 바로 오픈AI의 서치GPT다. 기존 키워드 검색 방식과 달리 서치GPT는 사용자의 질문에 즉각적이고 직접적인 답변을 제공한다. 특히 MZ

세대를 중심으로 빠르게 확산하면서 기존 검색 방식에 대한 근본적인 재검토를 촉발하고 있다.

시장 데이터는 이러한 변화를 극명히 보여준다. 에버코어의 2024년 9월 설문 조사에 따르면 미국에서 챗GPT를 선호하는 사용자 비율이 6월 1%에서 8%로 급증했다. 같은 기간 구글 선호도는 80%에서 74%로 하락했다. 구글의 미국 검색 광고 시장점유율도 2018년 59.9%에서 2024년 50.5%로 감소했으며 2025년에는 48.3%까지 하락할 것으로 예상된다.

대화형 검색의 가장 큰 특징은 사용자의 의도를 정확히 파악하고 직접적인 답변을 제공한다는 것이다. 더 이상 여러 링크를 클릭하며 정보를 찾아다닐 필요가 없다. 필요한 경우에만 출처를 확인하면 된다. 이는 사용자 경험을 획기적으로 개선할 뿐만 아니라 정보의 신뢰성도 높인다. 광고가 아닌 정보의 관련성과 정확성이 답변의 우선순위가 되기 때문이다.

이러한 변화는 검색 시장의 수익 구조에도 큰 영향을 미칠 것이다. 기존 광고 중심 모델은 점점 그 효과를 잃어갈 것이고 그 대신 구독 기반의 새로운 수익 모델이 등장할 것이다. 이는 음악 시장이 불법 다운로드에서 스트리밍 서비스로 전환된 것과 유사한 변화로 사용자들은 더 나은 경험을 위해 구독을 선택할 가능성이 커질 것이다.

결국 서치GPT의 출시는 검색 시장에 새로운 패러다임을 가져오며 기존 광고 중심 검색 패러다임이 재편될 가능성이 크다. 구글과 네이버는 변화하는 사용자 요구와 새로운 수익 모델에 맞춰 검색 시스템을 어떻게 진화시킬 것인지에 대한 중대한 도전에 직면해 있다. 앞으로 대화형 AI를 중심으로 검색 시장이 어떻게 재편될지 주목된다.

## 서치GPT:
## 비관론을 넘어선 새로운 수익 모델

검색 시장의 수익 구조를 정확히 이해하기 위해서는 먼저 기존 검색 엔진의 경제성을 살펴볼 필요가 있다. 구글의 검색 사업은 초당 32만 건의 검색 쿼리를 처리하며 2022년 기준 쿼리당 1.61센트의 매출을 올리고 있다. 여기서 컴퓨팅, 네트워킹, 광고, 웹 크롤링, 모델 개발, 인건비 등을 포함한 운영비용이 1.06센트로 결과적으로 쿼리당 0.55센트(약 34%)의 수익을 남기는 구조다. 이는 연간 555억 달러(약 72조 원)의 순이익을 의미한다.

챗GPT의 운영 구조는 이와 전혀 다르다. 챗GPT를 운영하는 데는 하루 69만4천 달러(약 9억 원)의 하드웨어 비용이 필요하고 이를 위해서는 3,617대의 HGX A100 서버(28,936개 GPU)가 필요하다. 만약 이 모델을 구글 검색에 그대로 적용하면 연간 360억 달러(약 47조 원)의 추가 비용이 발생하며 검색 한 건당 0.36센트의 추가 비용이 발생한다.

## 구글 서치 비용 분석표

| 지표 | 2022 구글 검색 | 챗GPT 추가 비용 | 350 토큰당 검색 | 20% 탐색형 또는 코드 생성 | TPUv4 적용 시 |
|---|---|---|---|---|---|
| 쿼리당 매출 | $ 0.01610 | $ 0.01610 | $ 0.01610 | $ 0.01610 | $ 0.01610 |
| 쿼리당 비용 | $ 0.01060 | $ 0.01416 | $ 0.01122 | $ 0.01110 | $ 0.01090 |
| 쿼리당 증분 비용 | $ - | $ 0.00356 | $ 0.0062 | $ 0.00050 | $ 0.00030 |
| 쿼리당 수익 | $ 0.00550 | $ 0.00194 | $ 0.00487 | $ 0,00500 | $ 0.00520 |
| 초당 쿼리 수 | 320,000 | 320,000 | 320,000 | 320,000 | 320,000 |
| 연간 매출 | $ 162.5 Bilion | $ 162.5 Bilion | $ 162.5 Bilion | $ 162.5 Bilion | $ 162.5 Bilion |
| 연간 비용 | $ 107.0 Bilion | $ 142.9 Bilion | $ 113.3Bilion | $ 112.0 Bilion | $ 110.0 Bilion |
| 증분 비용 | $ 0.0 Bilion | $ 35.9 Bilion | $ 6.3Bilion | $ 5.0 Bilion | $ 3.0 Bilion |
| 영업 이익 | $ 55.0 Bilion | $ 19.5 Bilion | $ 49.2Bilion | $ 50.4 Bilion | $ 52.5 Bilion |

출처: 세미애널리시스

    이러한 높은 운영비용 때문에 많은 시장 전문가들은 오픈AI가 검색 시장에 본격적으로 진출하기는 어려울 것으로 전망한다. 2024년 오픈AI의 예상 매출은 45억 달러(약 5조8천억 원)인 반면 운영비용은 85억 달러(챗GPT), 운영 40억 달러, 대규모 언어 모델 훈련 30억 달러, 인건비 15억 달러(약 2조 원)로 약 40억 달러(약 5조2천억 원)의 손실이 예상되기 때문이다.

    하지만 이러한 비관론은 오픈AI의 성장 가능성을 과소평가하는 것이다. 현재 운영비용이 매출의 약 2배라는 것은 역설적으로 매출을 2배만 늘려도 수지타산이 맞는다는 뜻이다. 이는 결코 불가능한 목표가 아니다. 오픈AI는 API를 통해 월 8,000만 달러의 수익을 이미 창출하고 있으며 기업들의 AI 도입이 가속화되면서 이 수익은 증가할 것으로 예상된다.

더 중요한 것은 챗GPT가 더 이상 단순한 검색 도구가 아니라는 것이다. 코딩, 문서 작성, 데이터 분석, 번역, 교육, 마케팅 등 업무 전반에 걸친 필수 도구로 진화하고 있다. 이러한 맥락에서 현재 월 20달러인 구독료를 40달러로 인상하더라도 충분히 수용할 수 있다. 넷플릭스 프리미엄(17.99달러)이나 어도비 크리에이티브 클라우드(54.99달러)와 비교하면 40달러는 챗GPT가 제공하는 가치에 비해 결코 높은 금액이 아니다.

실제로 샘 알트먼 오픈AI CEO도 우리가 1년에 5억 달러를 쓰든, 50억 달러를 쓰든, 500억 달러를 쓰든 상관없다며 자신감을 보이고 있다. 이는 현재의 적자가 우려할 수준이 아님을 보여준다.

오픈AI의 이러한 전략은 검색 시장의 수익 모델을 근본적으로 바꿀 수 있다. 광고가 없는 대신 적정한 구독료를 지불하는 모델은 정보의 품질과 사용자 경험을 최우선으로 한다는 점에서 충분한 경쟁력을 가질 수 있다. 높은 운영비용은 분명히 도전 과제이지만 이는 매출 성장을 통해 충분히 극복 가능한 수준이다.

## 구글의 대응: 신중한 투 트랙 전략

구글의 대응을 보면 매우 흥미롭다. 표면적으로는 챗GPT의 공세에 위협을 받는 것처럼 보이지만 사실 구글은 충분한 여유를 가지고 전략적인 대응을 펼치고 있다. 이는 구글만 가진 독특한 이점들 때문이다.

우선 구글은 AI 기술력에서 오픈AI에 결코 뒤지지 않는다. 2017년에 트랜스포머라는 혁신적인 모델을 개발했고 이는 아이러니하게도 현재 챗GPT를 포함한 모든 대규모 언어 모델의 기반이 되었다. 당시 구글은 이 기술이 검색 시장에 가져올 파괴적 변화를 예상했다. 하지만 연간 555억 달러에 달하는 검색 광고 수익에 미칠 부정적 영향을 우려해 이를 검색에 도입하지 않는 신중함을 보였다.

현재 구글의 전략은 매우 정교한 투 트랙 접근이다. 첫 번째 트랙은 제미나이(Gemini)를 통해 챗GPT와 정면 승부를 펼치는 것이다. 구글은 자신들이 보유한 방대한 데이터와 AI 기술력을 총동원해 제

**구글 트랜스포머 이후 대규모 언어 모델 발전 추이**

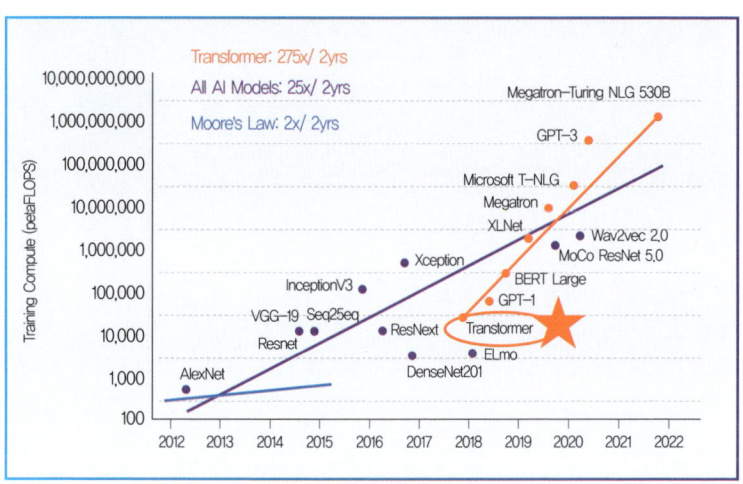

출처: 엔비디아

미나이를 발전시키고 있다. 팜(PaLM)과 같은 강력한 언어 모델을 이미 보유하고 있고 여기에 구글만의 강점인 검색 데이터를 결합해 차별화된 경쟁력을 만들어가고 있다.

두 번째 트랙은 기존 검색 시장의 수성이다. 구글은 여전히 검색 시장에서 압도적인 점유율을 유지하며 특히 애플의 기본 검색 엔진 자리를 지키기 위해 연간 200억 달러(약 26조 원)를 지불하면서까지 시장 지배력을 유지하고 있다. 이는 구글이 얼마나 장기적인 관점에서 시장을 바라보고 있는지를 보여준다.

구글의 진짜 승부수는 이 두 트랙 사이의 시간차를 활용하는 것이다. 구글은 제미나이로 챗GPT와 경쟁하는 동시에 현재의 검색 광고 시스템을 대화형 검색에 맞게 재설계하는 작업을 진행할 것이다.

검색 시장이 완전히 대화형으로 전환되는 그 시점에 구글은 새로운 광고 모델과 결합된 제미나이를 전면에 내세울 것이다.

이러한 구글의 전략은 '혁신가의 딜레마'를 극복하기 위한 현명한 선택으로 보인다. 이는 마치 넷플릭스가 DVD 대여 사업에서 스트리밍으로 전환하는 과정에서 보여준 전략과 유사하다. 다만 구글은 이 전환을 훨씬 정교하게 관리하고 있다. 방대한 자본력, 뛰어난 기술력, 그리고 시장 지배적 사업자로서의 경험이 이를 가능케 한다.

물론 구글도 더 이상 과거와 같은 독점적 지위는 누리지 못할 것이다. 하지만 이는 구글도 예상하는 시나리오다. 향후 검색 시장은 구글의 제미나이와 오픈AI의 챗GPT가 양분하는 구도로 재편될 가능성이 크다. 최종 승자는 대규모 언어 모델의 성능으로 결정될 것이며 구글은 이 영역에서 자신들의 기술력에 상당한 자신감을 보이고 있다.

## 네이버의 도전:
## 시간과의 경주

네이버가 직면한 상황은 구글과 전혀 다른 양상을 보인다. 구글이 기술을 보유하고 전략적 선택을 고민하는 입장인 반면 네이버는 기술력, 자본, 시간 세 가지 과제를 동시에 해결해야 하는 절박한 상황이다.

하이퍼클로바X와 GPT-4의 성능을 비교해보자. 여기서 주의할 점은 하이퍼클로바X는 2023년에 출시된 이후 아직 업데이트가 이루어지지 않았고 GPT-4는 지속적으로 발전해 현재 GPT-4o 버전까지 나왔다는 것이다. 하지만 각 회사의 시장 출시 최신 버전을 비교할 수밖에 없어 현재 기준으로 두 모델의 성능을 비교하면 상당한 격차가 있음을 알 수 있다.

- MATH(수학적 추론): 하이퍼클로바X 20.16점 vs GPT-4o 76.6점
- HumanEval(코딩 능력): 하이퍼클로바X 55.49점 vs GPT-4o 90.2점
- MMLU(다중 작업 이해도): 하이퍼클로바X 84.14점 vs GPT-4o 88.7점

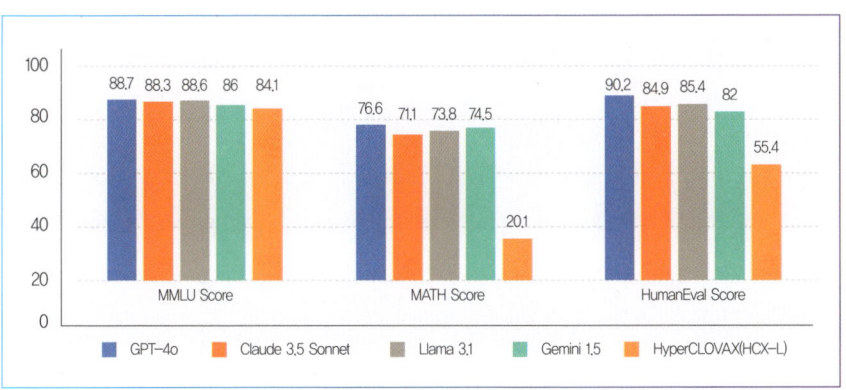

출처: 비욘드엑스 AI커머스센터

특히 MATH 테스트에서 보이는 3.8배 격차는 단순한 성능 차이를 넘어 기술력의 근본적인 격차를 보여준다. 이러한 격차를 줄이기 위해서는 대규모 컴퓨팅 인프라가 필요하지만 네이버의 현실은 녹록지 않다.

현재 네이버는 엔비디아 A100 2,000대를 보유하고 있는데 이는 메타가 계획 중인 H100 35만 대와는 상당한 차이가 있다. AI 투자 규모도 쉽지 않은 상황이다. 네이버는 매출의 25%인 2조4천억 원을 투자하겠다고 발표했지만 이는 오픈AI가 서버 운영에만 쓰는 비용

(연간 40억 달러, 약 5조2천억 원)에도 못 미치는 규모다.

시장에서의 변화도 이미 감지되고 있다. 한국에서 챗GPT 앱 사용자는 526만 명으로 전체 스마트폰 사용자의 10%에 달한다. 네이버의 검색 점유율은 2024년 초 61.96%에서 상반기 56.46%로 하락했다. 월간 활성 앱 사용자 4,295만 명은 여전히 견고해 보이지만 젊은 층을 중심으로 새로운 서비스 사용이 늘어나는 추세다.

이러한 상황에서 네이버는 삼성전자, 인텔, 카이스트와 함께 자체 반도체 개발이라는 장기 프로젝트를 시작했다. 하지만 이는 전쟁터에서 신무기 개발에만 매달리는 것과 같다. 반도체 개발에는 최소 3년~5년이 필요한데 검색 시장은 1년~2년 안에 대화형 AI가 지배할 수도 있기 때문이다.

주목할 점은 오픈AI, 메타, 구글도 자체 반도체를 개발하고 있지만 이들은 동시에 최신 GPU를 대규모로 확보하며 지금 당장 경쟁력도 놓치지 않고 있다는 것이다. 네이버는 현재의 격차를 해소해줄 자본도 부족하고 그렇다고 미래를 위한 투자에 모든 것을 걸기에도 위험한 상황이다.

팀 네이버 컨퍼런스에서 최수연 대표는 AI 브리핑 등 새로운 서비스를 예고했지만 이는 글로벌 기업들과의 격차를 고려할 때 충분한 대응이라고 보기 어렵다. 네이버는 지금 생존을 위한 시간 싸움 중이며 이 싸움의 승패는 향후 1년~2년 안에 결정될 것으로 보인다.

## 새로운 검색 시장의 승자

검색 시장의 패러다임 전환은 이제 필연적으로 보인다. 2024년 시장의 주요 플레이어들은 각각 다른 상황에 직면해 있다.

오픈AI는 가장 공격적인 혁신자의 모습을 보여주고 있다. 광고 없는 프리미엄 검색이라는 새로운 패러다임을 제시하며 시장을 선도할 것이다. API 사업의 고성장을 기반으로 일반 사용자의 구독료는 적정 수준을 유지하면서 기업 고객들로부터 수익성을 확보하는 투트랙 전략이 성공적으로 작동한다면 검색이 더 이상 광고 플랫폼이 아닌 진정한 정보 탐색 도구로 진화할 것이다.

구글은 신중한 혁신가의 모습이다. 제미나이를 통해 챗GPT와 경쟁하면서도 기존 검색 광고 모델을 대화형 검색에 맞게 재설계하는 점진적 전환을 시도할 것이다. 이는 연간 555억 달러에 달하는 검색 광고 수익을 보호하면서 새로운 시대에 대비하는 현명한 전략으로 보인다. 구글은 독점적 지위는 잃겠지만 여전히 시장의 핵심 플레이어로 남을 것이다.

　반면 네이버의 미래는 불확실성이 크다. 기술력, 자본력, 시간 세 가지 핵심 요소 모두 부족한 상황에서 글로벌 기업들과의 격차는 더 벌어질 가능성이 크다. 자체 반도체 개발과 같은 장기 프로젝트에 투자하고 있지만 당면한 위기를 해결하기에는 너무 늦은 대응이다.

　그동안 네이버가 국내 시장에서 쌓아온 사용자 기반과 한국어 처리 능력은 분명히 강점이지만 그것만으로는 충분하지 않다. 결국 검색의 본질은 가장 정확한 답을 가장 효율적으로 제공하는 것이며 이러한 관점에서 기술력 격차는 결정적인 약점이 될 수밖에 없다.

제5장

서치GPT가
보여준 가능성

## 플랫폼의 위기를 보여주는
## 네이버의 새로운 도전

지난 11일 코엑스에서 열린 '단24' 컨퍼런스에서 네이버는 AI 쇼핑 앱 '네이버 플러스 스토어'의 내년 상반기 출시를 발표했다. 이윤숙 쇼핑사업 부문장은 네이버는 개인화된 쇼핑 경험의 새로운 차원을 제공해 5,000만 모든 국민이 다른 쇼핑 경험을 할 수 있도록 초개인화된 AI 쇼핑 앱을 선보일 것이라고 밝혔다.

네이버가 말하는 '초개인화'의 실체를 들여다보자. '네이버 플러스 스토어'는 상품 탐색에 특화된 AI와 개인화 추천 기술을 접목해 사용자의 관심사에 맞는 상품과 최적화된 혜택, 프로모션을 추천한다고 한다. 그러나 실제 서비스 작동 방식을 보면 이는 기존 추천 시스템의 단순한 확장에 불과하다.

예를 들어 사용자가 '출산'이라는 키워드를 검색하면 'AI 쇼핑 추천' 기능이 '국민 출산템', '출산 준비 방법' 등 연관 추천 질문들을 AI 넛지 형태로 제공한다. 이어서 빅데이터 기반의 사용자 선호도와 인기도를 종합해 '출산 준비 필수품 Top 6'를 추천한다. 이는 기존 연관 검색어와 인기 상품 추천을 AI라는 새로운 포장으로 감싼 것에 불과하다.

더 근본적인 문제는 네이버가 이를 글로벌적으로 유일하게 네이버만 할 수 있는 서비스 모델이라고 자평한다는 점이다. 이는 자사 플랫폼 내 상품과 콘텐트를 연결하는 것이 혁신이라고 믿는 플랫폼 중심적 사고의 전형을 보여준다. '캠핑 의자'를 검색하면 'AI 추천 기능'이 '캠핑 의자 고르는 법', '감성 캠핑 의자' 등을 AI 넛지로 제공하고 관련 블로그와 동영상을 연결해주는 것이 과연 혁신적인 AI 쇼핑 경험일까?

네이버가 강조하는 'UGC(User Generated Content) 생태계'와의 연계도 마찬가지다. 숏폼, 리뷰, 블로그, 커뮤니티(카페) 등 수백만 명의 창작자가 만든 콘텐트를 쇼핑 경험과 연결하는 것은 분명히 네이버만의 강점이다. 하지만 이는 결국 자사 플랫폼 내에서의 연결에 불과하다. 진정한 의미의 개인화된 쇼핑 경험은 플랫폼의 경계를 넘어선 곳에서 시작된다.

## 챗GPT가 보여준
## 진정한 AI 쇼핑 에이전트의 가능성

최근 나는 챗GPT와 우연히 나눈 대화에서 진정한 AI 쇼핑의 미래를 목격했다. 시작은 지극히 단순했다.

"내 노트북인 LG 그램을 차에서 충전하려면 어떻게 해야 하나?"

그렇게 단순한 질문을 던졌을 뿐이다. 제품을 추천해달라고 특별히 요청하지도 않았다. 단지 차에서 노트북을 충전하는 방법을 물었을 뿐이다. 그런데 인터넷 서치 기능이 탑재된 챗GPT의 반응은 전혀 달랐다.

먼저 챗GPT는 문제의 본질을 정확히 파악했다. LG 그램이라는 특정 노트북의 충전 요구 사항을 즉시 분석했다. 65W 출력이 필요하다는 점, USB-PD(Power Delivery) 지원이 필수적이라는 점, 안정적인 충전을 위해 PPS(Programmable Power Supply) 지원이 필요하다는 점까지 세세히 짚어냈다.

더 놀라운 것은 사용 맥락에 대한 이해였다. 차량이라는 특수한

### 저자와 챗GPT의 실제 대화 캡처 1

자동차에서 사용하려면 어떻게 해야 하나?

자동차에서 LG 그램 14ZD970-GX50K 노트북을 충전하려면, 차량용 USB PD 충전기를 사용하시면 됩니다. 이 충전기는 차량의 시거잭에 연결하여 노트북에 필요한 전력을 공급합니다. 노트북의 안정적인 충전을 위해서는 최소 65W 이상의 출력을 지원하는 차량용 USB PD 충전기를 선택하는 것이 좋습니다.

**추천 제품:**

- **아트뮤 USB PD PPS 차량용 듀얼 초고속충전기 CP420**: 이 제품은 단일 포트 최대 65W, 동시 최대 85W의 출력을 지원하며, 듀얼 USB-C 포트를 갖추고 있습니다. 풀 메탈 바디로 고급스러운 마감을 자랑하며, 초고속 충전 2.0 및 PD 65W를 지원하여 차량에서 노트북 및 태블릿 충전이 가능합니다. 다나와
- **COX 58.5W 초고속 차량용 USB PD 충전기 CWC10**: 이 제품은 총출력 58.5W, 단일 포트 최대 출력 36W를 지원하며, 고속 충전과 LED 램프 기능을 갖추고 있습니다. 다나와

**사용 방법:**

1. **충전기 연결**: 차량의 시거잭에 차량용 USB PD 충전기를 연결합니다.
2. **케이블 연결**: 노트북과 충전기를 USB-C 케이블로 연결합니다. 노트북의 안정적인 충전을 위해서는 고품질의 USB-C 케이블을 사용하는 것이 좋습니다.
3. **충전 확인**: 노트북이 충전 중인지 확인합니다. 일부 충전기는 LED 표시등을 통해 충전 상태를 알려줍니다.

출처: 비욘드엑스 AI커머스센터

환경에서 발생할 수 있는 모든 변수를 고려했다. 차량의 시거 잭을 통한 충전이므로 전압 안정성이 중요하다는 점, 차량 내부 공간에서의 사용성을 고려해 케이블 길이와 포트 위치가 중요하다는 점, 이동 중 충전이므로 안전한 연결 방식이 필요하다는 점까지 꼼꼼히 체크했다.

 이러한 종합적 분석을 바탕으로 챗GPT는 최적의 제품을 추천했다. 아트뮤 CP420과 COX CWC10 두 제품이었다. 여기서 주목할 점은 추천 과정의 투명성이다. 챗GPT는 다나와, 네이버쇼핑, 아마

존 등 여러 플랫폼의 제품 정보를 어떻게 수집했는지, 어떤 기준으로 제품들을 비교 분석했는지 상세히 설명했다. 제품의 기술 스펙은 물론 사용자 리뷰, 전문가 평가, 브랜드 신뢰도까지 모든 요소를 고려한 것이다.

"왜 이 제품들을 추천한 거지?"라는 내 질문에 대한 챗GPT의 설명은 더 인상적이었다. 각 제품에 대해 "이 제품을 선택한 이유는

### 저자와 챗GPT의 실제 대화 캡처 2

추전 제품:

아트뮤 USB PD PPS 차량용 듀얼 초고속충전기 CP420: 이 제품은 단일 포트 최대 65W, 동시 최대 85W의 출력을 지원하며, 듀얼 USB-C 포트를 갖추고 있습니다. 풀 메탈 바디로 고급스러운 마감을 자랑하며, 초고속 충전 2.0 및 PD 65W를 지원하여 차량에서 노트북 및 태블릿 충전이 가능합니다.
다나와

COX 58.5W 초고속 차량용 USB PD 충전기 CWC10: 이 제품은 총출력 58.5W, 단일 포트 최대 출력 36W를 지원하며, 고속 충전과 LED 램프 기능을 갖추고 있습니다.
다나와

이 두 제품을 추천한 이유는

위의 두 제품을 추천한 이유는 다음과 같습니다:

#### 1. 아트뮤 USB PD PPS 차량용 듀얼 초고속충전기 CP420

- **최대 출력**: 단일 포트 기준 최대 65W, 동시 최대 85W 출력으로, LG 그램 같은 노트북 충전에 충분한 전력을 공급할 수 있습니다. 이는 노트북 PD 충전의 최소 요구 사항(45W~65W)을 충족하며, 고성능 노트북도 지원 가능합니다.
- **듀얼 USB-C 포트**: USB-C 포트 두 개를 동시에 사용할 수 있어, 노트북과 스마트폰 등 여러 기기를 동시에 충전할 수 있습니다.

출처: 비욘드엑스 AI커머스센터

### 저자와 챗GPT의 실제 대화 캡처 3

- **고급 디자인**: 풀 메탈 바디로 내구성과 발열 관리가 뛰어나 차량 환경에서 안정적인 사용이 가능합니다.
- **PPS 지원**: 초고속 충전 2.0 및 PPS(Programmable Power Supply) 기술을 지원해, 다양한 기기의 충전 효율을 최적화합니다.
- **적합성**: LG 그램과 같은 PD 충전을 필요로 하는 노트북을 포함한 여러 기기에 적합합니다.

### 2. COX 58.5W 초고속 차량용 USB PD 충전기 CWC10

- **최대 출력**: 단일 포트 기준 최대 36W, 총 출력 58.5W로, 스마트폰, 태블릿, 저전력 노트북 충전에 적합합니다. 다만, 이 제품은 출력이 다소 낮아 **LG 그램의 완전 충전**에는 부족할 수 있습니다.
- **가성비**: 출력은 CP420보다 낮지만, 일반적인 용도와 중소형 기기 충전에 적합한 가성비 옵션입니다.
- **부가 기능**: LED 램프 기능으로 어두운 차량 내부에서도 쉽게 포트를 식별할 수 있어 사용 편의성이 높습니다.
- **콤팩트한 크기**: 차량의 공간을 적게 차지하며 휴대성이 뛰어납니다.

출처: 비욘드엑스 AI커머스센터

### 저자와 챗GPT의 실제 대화 캡처 4

**두 제품의 차이점**

| 제품 | 최대 출력 (단일 포트) | 총 출력 | 듀얼 포트 | 적합한 사용 |
|---|---|---|---|---|
| 아트뮤 CP420 | 65W | 85W | USB-C 2개 | 고출력 노트북 및 다중 기기 충전 |
| COX CWC10 | 36W | 58.5W | USB-A + USB-C | 스마트폰, 태블릿 등 중소형 기기 |

**추천한 이유**

- **아트뮤 CP420**은 LG 그램과 같은 고출력 기기 충전에 적합하며, 듀얼 USB-C 포트를 통해 멀티태스킹이 가능합니다.
- **COX CWC10**은 저렴한 가격과 일반적인 용도에 적합한 옵션으로, 스마트폰이나 태블릿 충전에 적합합니다.

**결론**: LG 그램 노트북을 차량에서 충전하려면 **아트뮤 CP420**이 더 적합한 선택입니다.

출처: 비욘드엑스 AI커머스센터

LG 그램의 65W 충전 요구 사항을 완벽히 충족하면서도 차량 환경에서의 안정성이 검증되었기 때문입니다"라는 식의 명확한 설명이 뒤따랐다.

### 저자와 챗GPT의 실제 대화 캡처 5

> 다른 제품도 많이 있을 건데 이 두 제품을 추천한 이유는?

위 두 제품을 추천한 이유는 다음과 같습니다:

**1. 출력 성능**

- **아트뮤 CP420**: 단일 포트 최대 65W, 총 출력 85W로 **노트북 충전의 요구사항(45~65W)**을 완벽히 충족합니다. 특히 LG 그램과 같은 노트북을 충전하려면 최소 65W의 USB PD 지원이 필요하며, 이를 만족하는 차량용 충전기는 많지 않습니다.
- **COX CWC10**: 36W의 단일 포트 출력은 노트북 충전에 충분하지 않지만, **스마트폰, 태블릿, 액세서리 충전용**으로 가성비가 뛰어나고, 차량 내부에서의 활용도가 높습니다.

이 두 제품은 각각 고출력 노트북 충전과 일반 기기 충전이라는 **특화된 용도**를 충족합니다.

**2. 시장 접근성**

- 두 제품 모두 **국내에서 구매하기 쉬운 제품**으로, 다나와나 오픈마켓(네이버, 쿠팡 등)에서 쉽게 확인하고 구매할 수 있습니다.
- 수입 제품이나 희소성이 높은 제품은 아닌 **대중적인 모델**로, 사후 지원과 품질 보증도 상대적으로 신뢰할 수 있습니다.

출처: 비욘드엑스 AI커머스센터

### 저자와 챗GPT의 실제 대화 캡처 6

**3. 신뢰성과 브랜드 인지도**
- 아트뮤: 국내에서 USB 충전기와 관련한 평판이 좋으며, PD 충전기 라인업이 다양하고 기술적으로 앞서 있는 브랜드로 평가받습니다.
- COX: 가성비 충전기로 유명하며, 차량용 충전기 시장에서 오랜 경험과 좋은 리뷰를 기반으로 안정성을 제공합니다.

**4. 다양한 테스트와 리뷰에서 검증**
- 다수의 온라인 리뷰와 사용자 테스트 결과를 바탕으로 추천하였습니다. 아트뮤 CP420은 LG 그램과 같은 고출력 기기 충전에서도 안정성을 인정받았으며, COX CWC10은 소형 디바이스 충전에서 좋은 평가를 받았습니다.

**5. 사용자의 용도와 예산 고려**
- 고출력 노트북 충전을 목표로 하며 차량에서도 활용 가능한 옵션으로 아트뮤 CP420이 적합하다고 판단되었습니다.
- 상대적으로 저렴하고 스마트폰이나 태블릿 위주로 사용하는 경우 COX CWC10이 현실적인 선택입니다.

출처: 비욘드엑스 AI커머스센터

### 저자와 챗GPT의 실제 대화 캡처 7

**왜 다른 제품이 아닌 이 두 제품을 선택했는가?**
- **출력과 신뢰성의 균형**: 고출력 노트북 충전에는 65W 이상의 출력이 필수적이며, 이를 충족하는 차량용 충전기는 제한적입니다. 아트뮤 CP420은 이 요건을 충족하면서 듀얼 포트 및 PPS 기술을 지원하여 추가 경쟁력을 갖췄습니다.
- **다양한 용도**: 두 제품은 차량 내 다양한 디바이스(노트북, 스마트폰, 태블릿 등)를 충전하는 데 적합하도록 설계되었습니다.
- **가성비**: 더 높은 사양의 제품도 있지만 가격 대비 성능이 우수하며, 한국 시장에서 사용하기에 적합한 접근성과 성능을 모두 갖춘 제품입니다.

결론적으로, 추천 이유는 LG 그램 충전이라는 특정 목적과 시장 접근성, 성능, 가성비라는 현실적인 조건들을 종합적으로 고려했기 때문입니다.

출처: 비욘드엑스 AI커머스센터

심지어 구매 후 고려사항까지 안내했다. 처음 사용할 때의 주의사항, 차량에서 효율적으로 사용하는 방법, 과열 방지를 위한 팁까지 세세히 조언해주었다. 마치 제품을 직접 사용해본 전문가가 조언해주는 느낌이었다.

이것이 진정한 AI 쇼핑이다. 단순히 연관 상품을 추천하거나 인기 제품을 보여주는 것이 아니다. 사용자의 실제 문제 상황을 정확히 이해하고 그에 맞는 최적의 해결책을 제시하는 것이다. 플랫폼의 경계를 넘어 가능한 모든 정보를 종합적으로 분석하고 그 과정과 근거를 투명하게 설명하는 것이다.

## 두 접근 방식의 근본적 차이

네이버의 AI 쇼핑 앱과 챗GPT의 접근 방식은 AI 커머스에 대한 근본적인 이해 차이를 보여준다. 이는 단순한 기능의 차이가 아니라 쇼핑의 본질을 어떻게 바라보느냐에 대한 철학의 차이다.

첫째, 문제 해결 방식의 차이다. 네이버는 여전히 사용자가 여러 단계의 선택을 거치며 원하는 상품을 찾아가도록 유도한다. '출산'이라는 키워드를 입력하면 '국민 출산템'이라는 카테고리를 보여주고 다시 '출산 준비 필수품 Top 6' 같은 목록을 제시한다. 사용자는

**네이버와 챗GPT의 쇼핑 접근 방식 비교**

| 항목 | 네이버 | 챗GPT |
| --- | --- | --- |
| 사용자 의도 파악 | 키워드 기반 검색 및 추천 | 맥락 기반의 니즈 분석 |
| 정보 수집 범위 | 자사 플랫폼 내 데이터로 제한 | 전체 인터넷의 정보 통합 분석 |
| 추천 방식 | 카테고리 기반 단계적 탐색 | 맥락 기반 직접 솔루션 제시 |
| 추천 근거 | 단순 수치화된 데이터 | 상세하고 투명한 분석 제공 |

출처: 비욘드엑스 AI커머스센터

이 과정에서 계속 선택해야 한다. 마치 백화점에서 층별 안내를 받으며 매장을 찾아가는 것과 같다.

반면 챗GPT는 사용자의 실제 문제 상황을 파악하고 직접적인 솔루션을 제시한다. "LG 그램을 차에서 어떻게 충전해야 하나?"라는 질문에서 충전 요구 사항, 사용 환경, 안전성 등 모든 맥락을 종합적으로 분석한다. 마치 전문 컨설턴트가 당신의 상황을 꼼꼼히 파악하고 최적의 해결책을 제시하는 것과 같다.

둘째, 정보 처리 방식의 차이다. 네이버는 자사 플랫폼 내 데이터만 활용한다. 상품 정보, 리뷰, 블로그 글, 동영상 등 모든 것이 네이버 생태계 안에 있는 정보다. 이들은 이를 '네이버만의 강점'이라고 주장하지만 사실 가장 큰 약점이다. 진정한 AI 커머스는 플랫폼의 경계를 넘어서야 하기 때문이다.

챗GPT는 모든 채널의 정보를 총망라한다. 다나와의 제품 스펙, 네이버쇼핑의 가격 정보, 아마존의 해외 리뷰까지 종합적으로 분석한다. 더 중요한 것은 이 정보들을 단순 취합하는 것이 아니라 사용자의 맥락에 맞게 재해석하고 가공한다는 것이다.

셋째, 추천의 깊이가 다르다. 네이버의 AI 추천은 표면적인 연관성과 인기도에 기반한다. '캠핑 의자'를 검색하면 '감성 캠핑 의자', '각도가 조절되는 캠핑 의자' 같은 키워드를 제시하고 높은 판매량을 기록한 제품들을 보여준다. 결국 키워드 매칭과 판매 데이터 분석 수준을 넘어서지 못한다.

반면 챗GPT의 추천은 문제 해결에 초점을 맞춘다. 제품의 기술적 특성이 사용자의 요구 사항과 어떻게 부합하는지, 실제 사용 환경에서 어떤 장단점이 있을지, 다른 사용자들의 경험은 어떤지를 종합적으로 분석한다. 추천의 모든 근거가 명확하고 논리적이다.

물론 이러한 접근은 네이버의 현실적인 선택으로 이해할 수 있다. 국내 최대 이커머스 플랫폼으로서 네이버는 수많은 판매자와 소비자가 연결된 거대한 생태계를 보유하고 있다. 이 생태계를 완전히 무시하고 새로운 방향으로 전환하는 것은 현실적으로 불가능하다. 기존에 구축된 시장을 완전히 무시할 수는 없는 것이다. 하지만 이러한 현실적 제약이 미래의 변화를 피할 수 있다는 의미는 아니다. 챗GPT와 같은 대규모 언어 모델들이 플랫폼의 경계를 넘어선 쇼핑 경험을 제공하기 시작하면 기존 플랫폼 중심 모델은 결국 무너질 수밖에 없을 것이다.

물론 네이버도 대규모 언어 모델을 개발하고 있다. 네이버는 자사의 대규모 언어 모델인 하이퍼클로바X를 기반으로 생성형 AI 검색 서비스 '큐(Cue:)'를 개발하고 있다. 큐는 2023년 9월부터 베타 서비스를 시작했으며 12월 1일부터는 네이버 통합 검색에 부분적으로 적용했다. 하지만 아직 그 모습을 보여주지 못하고 있다. 아직 대기자명단을 받고 있다. 이는 네이버가 대규모 언어 모델에 대한 준비가 아직 덜 되어 있음을 보여주는 것이다.

## 네이버 큐 공식 홈페이지

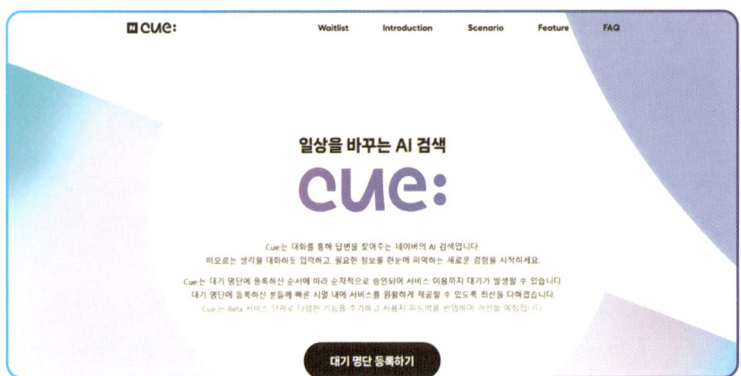

출처: 네이버 큐

하지만 만약 큐가 챗GPT와 유사한 성능을 보일 수 있다면 네이버도 챗GPT와 같은 쇼핑 에이전트 서비스를 제공할 수 있을 것이다. 실제로 그렇게만 된다면 네이버는 챗GPT보다 엄청난 우위를 점할 수 있다. 큐가 네이버의 방대한 쇼핑 데이터베이스와 사용자 생성 콘텐트와 연계된다면 챗GPT보다 로컬 시장에 특화된 차별화된 서비스를 제공할 수 있기 때문이다.

하지만 앞에서 언급했듯이 하이퍼클로바X를 성공적으로 업그레이드하고 큐를 완전한 형태로 출시하기는 매우 어려워 보인다. 오픈AI와 구글은 압도적인 자금력과 기술력을 바탕으로 더 빠른 속도로 언어 모델의 성능을 향상하고 있기 때문이다. 네이버는 GPU 리소스와 AI 인프라에서 글로벌 경쟁사들과의 격차가 크다. 오픈AI와 메타 같은 경쟁자들은 이미 막대한 컴퓨팅 파워와 자본을 투자하고 있어 네이버가 쫓아가는 속도보다 그들이 달아나는 속도가 더 빠르다.

네이버는 이 격차를 메우기 위해 자사의 생태계 강점을 극대화하는 전략을 취해야 한다. 큐의 성능이 챗GPT에 다소 못 미쳐도 네이버의 쇼핑 DB와 UGC의 연계를 통해 한국 시장에서 특화된 에이전트라도 구현해야 할 것이다. 결국 큐를 통해 기존 검색 기반 쇼핑 방식을 혁신하거나 쇼핑 에이전트 시장에서 차별화된 전략으로 경쟁력을 확보한다면 네이버는 새로운 기회를 잡을 수 있을 것이다. 앞으로 네이버의 행보를 주목해야 한다.

제6장

대화형 쇼핑 플랫폼의 현실화:
퍼플렉시티 쇼핑

2024년 11월 18일 AI 검색 엔진 퍼플렉시티가 '퍼플렉시티 쇼핑 (Perplexity Shopping)'을 출시했다. 아직 미국 시장에서만 쓸 수 있지만 퍼플렉시티 쇼핑은 앞에서 언급한 대화형 쇼핑 플랫폼의 특징을 다 갖추었다. 광고 없는 진짜 추천, 플랫폼 경계를 뛰어넘는 통합 검색, 방대한 데이터로 최적의 상품을 추천하는 기능까지 말 그대로 쇼핑 에이전트의 교과서 같은 모습이다.

## 퍼플렉시티 쇼핑의 핵심 기능

우선 퍼플렉시티 쇼핑의 핵심 기능들을 살펴보자.

첫 번째로 눈에 띄는 것은 광고를 완전히 배제한 비 스폰서 방식이다. 지금까지 커머스 플랫폼들에게는 광고가 최고 수익원이었는데 이것은 검색 결과를 왜곡하는 주범이기도 했다. 소비자들은 광고성 콘텐트 수십 개를 넘어가며 진짜 필요한 정보를 찾느라 고생했으니 그 과정이 얼마나 피곤했겠는가?

퍼플렉시티 쇼핑은 이런 짜증을 아예 없앴다. 퍼플렉시티 쇼핑이 보여주는 추천은 광고나 협찬 없이 순수하게 데이터만 보고 한 것이다. 당연히 소비자들은 이런 투명성을 신뢰한다.

이것은 대화형 쇼핑 시대에 엄청나게 중요한 전략이다. 이제는 신뢰가 생존을 좌우하는 시대니까. 한 번이라도 광고 때문에 신뢰를 잃으면 소비자들은 곧바로 다른 데로 갈 것이다. 퍼플렉시티는 이것을 정확히 알아챘고 광고 모델을 과감히 버림으로써 커머스 시장에

🔍 **퍼플렉시티 쇼핑의 상품페이지**

출처: 퍼플렉시티

신뢰 기반의 새 질서를 만들어가고 있다.

두 번째는 플랫폼 간 모든 경계가 사라진다는 것이다. 지금까지는 아마존, 이베이, 네이버쇼핑 같은 플랫폼들이 각자 성을 쌓고 있었고 소비자들은 그 안에서만 상품을 찾아야 했다. 그런데 퍼플렉시티 쇼핑 에이전트는 이 모든 것을 통합했다. 아마존이든 이베이든 브랜드 사이트든 심지어 SNS나 리뷰까지 다 연결해준다. "어디서 찾아야 하나?"라는 고민 자체가 사라진 것이다. 에이전트가 모든 플랫폼을 다 뒤져 최적의 상품을 찾아주니까. 이것은 정말 쇼핑하는 방식 자체를 바꾸는 변화다.

세 번째는 복잡한 정보를 자동으로 분석해준다는 것이다. 전에는 상품 하나를 사려고 해도 수십 개 리뷰를 읽어보고 가격을 비교하고 브랜드나 서비스 정책까지 일일이 따져야 했다. 하지만 이제는 에이전트가 이런 정보를 순식간에 정리해 보여준다. 블랙 테마의 깔끔한 카드 형태로 모든 것을 보여주는데 제품 사진부터 핵심 특징, 별점, 가격까지 한눈에 들어온다. RTX 4090은 성능이나 메모리가 좋다는 것, 애플 스튜디오 디스플레이(Apple Studio Display)는 색감이나 완성도가 뛰어나다는 것을 체크 마크로 깔끔하게 보여준다. 그 덕분에 이것저것 클릭해가며 더 이상 시간 낭비할 필요가 사라졌다. 쇼핑의 본질이 '정보 찾기'에서 '현명한 선택하기'로 바뀐 것이다.

## 퍼플렉시티의 생태계 구축 전략

퍼플렉시티는 단순히 상품 추천이나 비교를 넘어 더 큰 그림을 그리고 있다. 자기만의 생태계를 만들어가는 것인데 여기서 두 가지가 특히 중요하다.

첫째, 쇼피파이(Shopify)와 손잡고 머천트 프로그램(Merchant Program)을 시작한 것이다. 쇼피파이는 판매자들이 온라인 쇼핑몰을 차리는 것을 도와주는 플랫폼인데 아마존이나 이베이에 입점하려면 돈이 든 시간이든 많이 들었다. 그런데 퍼플렉시티는 그냥 API 연동만 하면 끝이다. 쇼피파이로 이미 장사하고 있는 판매자들은 복잡한 절차나 비싼 수수료, 광고비 걱정 없이 퍼플렉시티에서도 팔 수 있다. 판매자는 편하고 퍼플렉시티는 다양한 상품을 쉽게 확보할 수 있어 서로에게 윈윈이다. 이는 판매자 입장에서는 인프라를 최대한 단순하고 효율적으로 활용하게 해주고 퍼플렉시티 입장에서는 광범위하고 다양한 상품군을 확보하는 강력한 무기가 된다.

## 퍼플렉시티 쇼핑의 바이 위드 프로 상품페이지

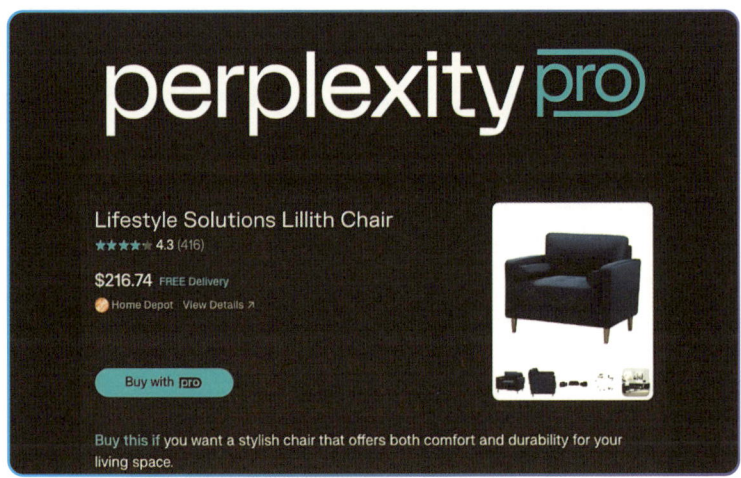

출처: 퍼플렉시티

둘째, 바이 위드 프로(Buy with Pro)라는 기능으로 퍼플렉시티 안에서 곧바로 결제까지 할 수 있게 했다. 이것을 쓰면 무료배송에 퍼플렉시티 안에서 모든 것을 끝낼 수 있다. 반면 그냥 검색으로 찾은 상품은 다른 사이트로 가 다시 결제해야 하는 번거로움이 있다. 이렇게 차별화하면서 소비자들을 자기 생태계로 끌어들이는 것이다. 궁극적으로 퍼플렉시티는 이렇게 자체 생태계를 강화해 아마존, 이베이 같은 대형 플랫폼과 정면승부를 펼칠 의도를 보인다.

챗GPT와 제미나이도 머지않아 쇼핑 에이전트를 내놓을 것이다. 지금은 퍼플렉시티가 어떻게 하는지 유심히 지켜보고 있을 텐데 특히 소비자들이 AI 쇼핑 에이전트를 어떻게 받아들이고 어떤 기능에 가장 큰 가치를 느끼는지 면밀하게 관찰하고 있을 것이다. 만약 퍼플렉시티의 시도가 성공한다면 쇼핑 시장은 180도 뒤바뀔 것이다.

먼저 판매자들이 기존 플랫폼을 대거 이탈할 가능성이 크다. 지금까지 높은 수수료, 광고비, 복잡한 운영 프로세스에 시달려온 판매자들이 API 연동만으로 입점 가능한 에이전트 생태계로 몰려들 것이다. 그렇게 되면 기존 플랫폼은 상품의 품질도 다양성도 떨어지면서 지배력을 잃는다.

둘째, 기존 플랫폼들의 비즈니스 모델이 흔들린다. 광고로 돈을 버는 구조는 더 이상 안 먹히고 가격 비교나 상품 선택을 할 때 플랫폼이 해주던 역할도 에이전트에게 밀리게 된다. 상품만 나열해서는 더 이상 경쟁력이 없다.

마지막으로 UI/UX의 중요성이 확 떨어질 것이다. 소비자들은 더 이상 상세 페이지를 일일이 보지 않고 에이전트가 추천하는 것을 믿을 테니까. '어떤 플랫폼이 더 예쁘고 편한가?'가 아니라 '어느 에이전트가 더 정확한 데이터로 최적의 상품을 추천하는가?'가 핵심 경쟁력이 된다.

결국 이커머스 게임 룰이 완전히 바뀔 것이다. 신뢰성 있는 추천과 간단한 API 연동이 새로운 표준이 되는 시대가 코앞이다. 퍼플렉시티가 보여준 이 첫 모델은 앞으로 큰 도미노를 일으킬 것이고 소비자와 판매자를 기존 플랫폼의 족쇄에서 풀어주는 전환점이 될 것이다. 이제 이 변화가 얼마나 빨리 얼마나 크게 퍼질지, 챗GPT나 제미나이 같은 다른 대규모 언어 모델들이 어떤 전략으로 이 새로운 시장에 뛰어들지 지켜보는 일만 남았다.

제3부

# 쇼핑 에이전트가 바꿀 미래의 쇼핑

대화형 쇼핑은 시작일 뿐이다. 퍼플렉시티가 보여준 자연스러운 대화를 통한 쇼핑은 여전히 사용자의 질문과 요청에 기반한다. 하지만 앞으로 등장할 AI 쇼핑 에이전트는 전혀 다른 차원의 경험을 제공할 것이다. 사용자가 묻지 않아도 일상을 이해하고 필요한 순간에 적절한 제품을 추천하고 때로는 구매까지 직접 대행하는 진정한 의미의 쇼핑 비서가 될 것이다.

이러한 AI 쇼핑 에이전트의 핵심 플랫폼은 스마트폰이 될 것이다. 모바일 쇼핑이 스마트폰을 통해 대중화되었듯이 AI 쇼핑 에이전트도 스마트폰을 중심으로 발전할 것으로 보인다. 구글과 애플은 이미 온디바이스 AI를 통해 소비자의 컨텍스트 데이터를 확보하기 위해 경쟁 중이며 메타는 AR과 AI를 결합해 전혀 새로운 쇼핑 경험을 준비하고 있다.

3부에서는 AI 쇼핑 에이전트와 하드웨어 플랫폼의 결합이 가져올 변화를 예측해본다. 빅테크 기업들의 플랫폼 전쟁, 새로운 쇼핑 경험의 등장, 그리고 이로 인한 기존 커머스 플랫폼의 변화까지. 쇼핑의 새로운 패러다임이 어떻게 형성될지 조망해본다.

제7장

생성형 AI의 킬러앱으로
부상하는 AI 에이전트

## AI 에이전트의 등장과 중요성

최근 생성형 AI 기술이 비약적으로 발전하면서 AI 에이전트가 새로운 패러다임으로 주목받고 있다. 많은 전문가가 AI 에이전트가 생성형 AI의 킬러앱이 될 것으로 예상한다. 오픈AI의 CEO 샘 올트먼은 AI 에이전트는 AI 기술 발전의 다음 단계이며 사람들의 삶을 근본적으로 변화시킬 것이라고 강조했다.

AI 에이전트는 기존 대규모 언어 모델과 다르게 사용자의 목표를 깊이 이해하고 자율적으로 행동한다. 올트먼은 생성형 AI 서비스가 텍스트 채팅 중심에서 음성과 행동 중심으로 바뀔 것으로 전망했다. 더 나아가 AI 에이전트 하나만으로 모든 요구 사항을 해결할 수 있는 새로운 AI 디바이스의 등장을 예상했다.

AI 에이전트는 정보 제공과 간단한 작업 수행을 넘어 복잡한 문제를 해결하고 장기적인 목표를 달성하는 데 도움을 줄 수 있는 지능형 비서로 발전할 것이다. 이러한 변화는 우리의 일상과 업무 방식을 어떻게 변화시킬까?

## AI 에이전트의 정의와
## 기존 대규모 언어 모델과의 차이점

AI 에이전트와 대규모 언어 모델의 가장 큰 차이점은 자율성에 있다. 대규모 언어 모델이 주로 사용자의 질문에 대답하는 수동적인 역할에 머물렀다면 AI 에이전트는 사용자의 목표를 이해하고 그에 맞춰 독립적으로 행동한다. 이는 마치 개인 비서가 우리의 일상적인 업무를 완벽히 대신해주는 것과 같다. 미국 프린스턴대 연구진이 제시한 AI 에이전트의 세 가지 조건은 다음과 같다.

1. 복잡한 환경에서 인간의 지시 없이도 어려운 목표를 추구할 수 있는 능력
2. 자연어로 지시를 받고 인간의 감독 없이 자율적으로 행동할 수 있는 능력
3. 목표 달성을 위해 웹 검색이나 프로그래밍 같은 도구 사용을 스스로 계획하는 능력

AI 에이전트는 대규모 언어 모델이나 멀티모달 모델을 기반으로 인간의 자연어 명령을 이해하고 자율적으로 답을 찾아 이용자의 요구를 처리할 수 있는 시스템이다.

사용자가 "다음 달 내 생일 파티를 준비해줘."라고 AI 에이전트에게 지시한 사례를 들어 AI 에이전트의 핵심 기능을 설명해보자.

### 장기 기억(Long-term memory) 활용

AI 에이전트는 사용자의 과거 생일 파티 기록, 선호도, 친구 목록 등을 분석한다. 예를 들어 사용자가 작년에 조용한 실내 모임을 가졌고 이탈리안 요리를 좋아한다는 정보를 기억해낸다. 또한 사용자의 가장 친한 친구 5명의 명단과 연락처를 확인한다.

### 자율적 작업 계획 수립

AI 에이전트는 생일 파티 준비를 위한 세부 계획을 자동으로 수립한다.
- 날짜 선정: 사용자와 주요 친구들의 일정을 확인해 최적의 날짜를 제안한다.
- 장소 물색: 사용자가 선호하는 이탈리안 레스토랑 목록을 작성한다.

- 게스트 리스트 작성: 초대할 친구 목록을 만든다.
- 예산 책정: 과거 지출 패턴을 바탕으로 적정 예산을 산정한다.
- 선물 아이디어 구상: 사용자의 최근 관심사를 바탕으로 선물 리스트를 작성한다.

## 자율적 의사 결정

AI 에이전트는 수집한 정보를 바탕으로 최적의 선택을 한다.
- 날짜: 가장 많은 친구가 참석할 수 있는 날짜로 결정한다.
- 장소: 리뷰가 좋고 예산에 맞는 이탈리안 레스토랑을 선택한다.
- 초대 인원: 친밀도와 최근 연락 빈도를 고려해 게스트 10명을 선정한다.
- 메뉴: 사용자와 친구들의 식습관을 고려해 메뉴를 구성한다.
- 테마: 사용자의 최근 취미인 여행을 테마로 결정한다.

## 액션 실행

AI 에이전트는 결정된 사항을 바탕으로 실제 준비 작업을 수행한다.

- 레스토랑 예약: 선택된 레스토랑에 연락해 날짜와 인원에 맞는 예약을 진행한다.
- 초대장 발송: 선정된 게스트들에게 맞춤형 디지털 초대장을 제작해 발송한다.
- 선물 주문: 사용자의 최근 관심사인 여행 관련 가젯을 온라인으로 주문한다.
- 케이크 주문: 사용자가 좋아하는 티라미수 케이크를 주문한다.
- 일정 등록: 확정된 파티 일정을 사용자의 캘린더에 등록하고 당일 리마인더를 설정한다.

이 과정에서 AI 에이전트는 사용자의 단일 명령을 받아 장기 기억을 활용하고 자율적으로 계획을 수립하며 의사 결정을 내리고 최종적으로 필요한 액션을 실행한다.

## AI 에이전트의
## 발전 과정

AI 에이전트의 개념은 2023년 3월 30일 오토GPT(AutoGPT)의 등장으로 본격화되었다. 오토GPT는 GPT-4를 기반으로 한 기술로 사용자가 설정한 목표 달성에 필요한 작업을 스스로 분석하고 계획하며 자동화해 실행하는 방식으로 작동한다. 이는 인간의 개입 없이도 목표를 이루는 초기 단계의 인공 일반 지능(AGI)으로 여겨지며 많은 개발자 사이에서 큰 관심을 모았다.

오토GPT는 다양한 외부 소프트웨어와 소통하며 스스로 반복 학습을 거쳐 목표에 도달하는 구조였다. 이 앱은 출시 직후 깃허브(GitHub)에서 가장 인기 있는 프로젝트 중 하나로 성장했다.

오토GPT의 등장 이후 많은 개발자가 관심을 보였고 이를 기반으로 한 수많은 AI 에이전트 프로젝트들이 깃허브에 등록되기 시작했다. 또한 앤스로픽(Anthropic), 어뎁트(Adept), 허깅페이스(HuggingFace) 등의 스타트업들이 AI 에이전트를 앞세우며 주목을 받았다.

## 에이전틱 워크플로우:
## AI 에이전트의 협업과 오류 방지 모델

AI 에이전트가 할루시네이션 등 잘못된 판단을 내리면 심각한 문제가 발생할 수 있다. 예를 들어 금융 관련 작업에서 AI 에이전트가 잘못된 정보를 제공하거나 부적절한 투자 결정을 내리면 사용자에게 큰 경제적 손실을 초래할 수 있다. 이러한 위험을 최소화하기 위해 스탠포드대 앤드류 응 교수의 '에이전틱 워크플로우(Agentic Workflow)' 개념이 등장했다. 이는 여러 AI 에이전트가 협력해 복잡한 작업을 수행하는 방식이다.

에이전틱 워크플로우의 핵심 요소는 다음과 같다.

### 1. 멀티 에이전트 시스템

다양한 전문 분야의 AI 에이전트가 함께 작업한다. 특정 분야의 전문성을 가진 에이전트들이 협력해 복잡한 문제를 해결한다.

### 2. 상호 검증

각 에이전트가 생성한 결과를 다른 에이전트들이 검토하고 검증한다. 이를 통해 단일 에이전트가 범할 수 있는 오류를 줄이고 결과의 신뢰성을 높인다.

### 3. 반복적 개선

검증 과정에서 발견된 오류나 불일치를 수정하며 결과를 지속적으로 개선한다. 이는 마치 인간 전문가들이 협업하며 결과물을 개선해나가는 과정과 비슷하다.

### 4. 합의 도출

여러 에이전트의 의견을 종합해 최종 결과에 대한 합의를 이룬다. 이 과정에서 각 에이전트의 전문성과 신뢰도가 고려된다.

예를 들어 사용자가 복잡한 여행 계획 수립을 요청했을 때 에이전트 사이에 다음과 같은 과정이 진행될 수 있다.

(1) 여행 전문 에이전트 '에이미'가 초기 여행 계획을 수립한다. 에이미는 사용자의 선호도, 여행 기간, 목적지 등을 고려해 전체적인 일정을 잡는다.

(2) 재무 관리 에이전트 '톰'이 에이미가 작성한 계획의 예산을 검토한다. 톰은 항목별 비용을 분석하고 사용자의 예산 범위 내에서 조정이 필요한 부분을 제안한다.

(3) 건강 관리 에이전트 '마이클'이 여행 일정의 건강 영향을 분석한다. 마이클은 사용자의 건강 상태, 시차, 활동량 등을 고려해 일정 조정이 필요한 부분을 제안한다.

⑷ 문화 전문 에이전트 '소피아'가 여행지의 문화적 특성과 관광 정보를 제공한다. 소피아는 각 방문지의 문화적 중요성, 현지 에티켓, 추천 관광지 등의 정보를 추가한다.

⑸ 모든 에이전트의 의견을 종합해 최종적으로 여행 계획 조정 에이전트 '올리버'가 전체 계획을 조율하고 최종안을 작성한다.

이러한 협업 과정을 통해 AI 에이전트는 여행 일정뿐만 아니라 예산, 건강, 문화적 요소까지 모두 고려한 종합적이고 맞춤화된 여행 계획을 제공할 수 있다. 또한 각 에이전트의 전문성을 활용해 더 안전하고 신뢰할 수 있는 결과를 도출할 수 있다.

# 제8장

# AI 에이전트의 현실화: 클로드의 도전

그동안 AI 업계에서 수많은 추측과 기대를 모았던 'AI 에이전트'가 마침내 그 모습을 드러냈다. 2024년 10월 22일 앤스로픽이 공개한 클로드 3.5 소넷(Claude 3.5 Sonnet)의 '컴퓨터 사용(Computer Use)' 기능을 통해서다. 오픈AI의 샘 올트먼이 챗GPT는 에이전트에 비하면 멍청한 수준이라고 말할 만큼 주목받아 온 AI 에이전트는 과연 어떤 모습일까?

"엑셀 파일에서 A사 정보를 찾아봐." "없네요. CRM으로 이동해 검색해볼게요." "찾았습니다. 이제 양식을 작성할게요."

마치 유능한 비서와 나누는 대화 같지만 실제로는 AI가 직접 마우스를 움직이고 키보드를 두드리며 업무를 처리하는 장면이다. 드디어 AI가 실제 사람처럼 컴퓨터를 다루기 시작한 것이다.

## 클로드 컴퓨터 유지 기능

기존 AI는 단순히 대화하거나 코드를 생성하는 수준이었지만 이제는 다르다. 화면을 보고 해석하고 언제 어떤 작업을 수행할지 판단하며 마우스 커서를 정확한 픽셀 위치로 이동시켜 클릭하는 등 실제 사람처럼 컴퓨터를 다룬다. 클로드 3.5 소넷은 AI 에이전트 기능을 제공하는 최초의 AI 모델이다. 아직 정식으로 출시되지는 않았지만 앤스로픽 공식 홈페이지의 동영상을 통해 공개된 기능을 살펴보자.

### "1990년대 감성의 개인 웹사이트를 만들어주세요"

앤스로픽의 개발자 관계 책임자 알렉스(Alex)가 1990년대 스타일의 웹사이트 제작을 요청하자 클로드(Claude)가 움직이기 시작했다. 크롬(Chrome) 브라우저를 열고 claude.ai 사이트로 이동해 웹사이트 제작 프롬프트를 직접 입력했다. 잠시 후 오른쪽 아티팩트(Artifact) 패널에 완성된 코드와 웹사이트가 나타났다.

"이 파일을 다운로드해 브이에스 코드(VS Code)로 열어줘"라는 이어진 요청에 클로드는 클립보드 아이콘 옆의 다운로드 버튼을 클릭했다. 브이에스 코드를 실행한 후 다운로드 폴더에서 파일을 찾아 열었다.

"이제 터미널을 열고 HTML 파일을 실행할 서버를 시작해줘"라는 지시가 이어졌다. 클로드는 브이에스 코드의 메뉴 바에서 터미널을 선택해 열었고 서버 실행을 시도했다. 하지만 파이썬(Python)이 설치되지 않아 오류가 발생했다. 클로드는 터미널의 오류 메시지를 분석한 후 시스템에 설치된 파이썬3로 다시 시도해 성공적으로 서버를 실행했다.

웹사이트를 확인해보니 터미널에 오류가 보이고 상단에 누락된 파일 아이콘이 있었다. "터미널의 오류를 수정해줘"라는 요청에 클로드는 브이에스 코드의 찾기 도구를 사용해 문제가 되는 코드 라인을 찾아냈다. 그 라인을 제거하고 파일을 저장하자 오류가 해결되었다.

### "Ant Equipment Co. 정보로 공급업체 등록 양식을 작성해주세요"

앤스로픽의 연구원 샘(Sam)은 공급업체 등록 양식 작성 작업을 시연했다. "vendor 스프레드시트나 검색 포털에서 'Ant Equipment Co.' 정보를 찾아 양식을 작성해줘. 각 필드를 작성하면서 확인도 해줘"라고 요청했다.

클로드는 먼저 화면 캡처를 시작하며 스프레드시트에서 회사 정보를 검색했다. 원하는 정보를 찾지 못하자 CRM 시스템으로 전환해 회사명으로 검색을 시도했고 드디어 매칭되는 결과를 발견했다. 클로드는 페이지를 스크롤하며 필요한 모든 정보를 수집했고 양식의 각 필드를 자동으로 하나씩 채워나갔다. 작성이 완료된 후에는 양식 제출까지 자동으로 처리했다.

### "내일 친구와 골든게이트 브릿지에서 일출을 보고 싶어요"

앤스로픽의 연구원 푸자(Pujaa)가 시연한 마지막 데모는 일정 관리 작업이었다. "내일 친구와 함께 골든게이트 브릿지에서 일출을 보려고 해요. 퍼시픽 하이츠(Pacific Heights)에서 출발할 건데 좋은 전망 포인트를 찾아주고 운전 시간과 일출 시간을 확인해 캘린더에 일정을 잡아줄래요?"

클로드는 먼저 크롬 브라우저를 열어 구글 검색을 시작했다. 골든 게이트 브릿지가 잘 보이는 최적의 일출 감상 포인트를 찾아냈다. 이어서 구글 맵스를 열어 퍼시픽 하이츠에서 선택한 장소까지의 경로를 검색했다. 예상 이동시간을 확인한 후 다음날의 일출 시간도 검색했다.

## AI 에이전트 시대의 서막

이제 AI 에이전트를 둘러싼 기술 전쟁이 본격화될 전망이다. 마이크로소프트(Microsoft)는 이미 '자율 에이전트' 기능을 발표했고 2024년 11월 코파일럿 스튜디오(Copilot Studio)를 통해 맞춤형 AI 비서 제작 기능을 제공할 예정이다. IT 전문매체 디인포메이션(The Information)에 따르면 오픈AI도 컴퓨터로 작업할 수 있는 에이전트를 개발 중이며 내부 시연까지 마친 것으로 알려졌다. 물론 우려도 있다. 앤스로픽의 시연 중 클로드가 실수로 녹화를 중지하거나 엉뚱한 사진을 보는 '딴짓'을 하기도 했다. 그러자 앤스로픽은 소셜미디어 계정 생성, 정부 웹사이트 접근 등 고위험 동작은 차단했다. 특히 미국 대선을 앞두고 선거 관련 활동도 제한했다.

하지만 가능성은 이미 입증되었다. 오에스월드(OSWorld) 평가에서 클로드는 스크린샷 기반 컴퓨터 사용 부문에서 14.9%의 성능을 보이며 경쟁 시스템(7.8%)을 크게 앞질렀다. 이미 아사나(Asana), 캔바

(Canva), 도어대시(DoorDash), 레플릿(Replit) 등이 이 기술을 검토 중이며 영국 반려동물 케어 기업 펫츠앳홈(PetsAtHome)은 에이전트 도입으로 연간 수억 원의 비용 절감을 기대하고 있다.

　AI가 실제로 컴퓨터를 다루며 우리 업무를 도와주는 시대가 열린 것이다. 앤스로픽이 AI 에이전트의 베일을 벗기며 시작된 혁신은 우리가 일하는 방식을 근본적으로 바꿀 것으로 보인다. "이제 이거 좀 해줘"라는 말 한마디에 AI가 척척 일을 처리하는 진정한 AI 비서의 시대가 열린 것이다.

## 제9장

## 쇼핑을 지배할 하드웨어 플랫폼 전쟁:
## 온디바이스 AI

스마트폰의 미래를 바꿀 새로운 전쟁이 시작되었다. 이번 전쟁의 중심에는 당연히 AI 쇼핑 에이전트가 있다. 과거 구글과 애플이 스마트폰 시장의 주도권을 놓고 벌였던 1차 플랫폼 전쟁이 스마트폰이라는 새로운 기술 표준을 정립하는 싸움이었다면 이번은 쇼핑 시장의 판도를 결정하는 전쟁이 될 것이다. 이제 스마트폰이 단순한 쇼핑 앱의 집합체를 넘어 진정한 AI 쇼핑 플랫폼으로 변모하는 온디바이스 AI(On-device AI) 시대가 도래했기 때문이다.

아마존, 쿠팡, 네이버와 같은 기존 이커머스 플랫폼들이 웹과 앱을 통해 쇼핑 경험을 제공했다면 이제는 스마트폰 자체가 하나의 통합된 쇼핑 에이전트 플랫폼으로 진화하고 있다. 사용자의 위치 정보, 일정, 건강 데이터, 검색 기록 등 스마트폰에서 수집되는 풍부한 일상 데이터를 바탕으로 개인화된 쇼핑 경험을 제공할 수 있기 때문이다. 이는 단순히 상품을 검색하고 구매하는 차원을 넘어 사용자의 라이프스타일을 깊이 이해하고 선제적으로 쇼핑을 제안하는 새로운 패러다임을 의미한다.

　이러한 변화 속에서 스마트폰 운영체제를 보유한 구글과 애플의 경쟁이 더 치열해질 전망이다. 누가 더 풍부한 사용자 데이터를 확보하고 이를 효과적으로 활용해 강력한 AI 쇼핑 에이전트를 구축하느냐가 향후 쇼핑 시장의 주도권을 결정짓는 핵심 요소가 될 것이다.

# 1차 플랫폼 전쟁:
## 구글과 애플의 치열한 격돌

2007년 아이폰의 등장은 스마트폰 혁명의 시작이었다. 이는 곧 구글과 애플 간 치열한 플랫폼 경쟁으로 이어졌다. 애플의 iOS와 구글의 안드로이드는 각자의 철학을 앞세워 시장을 양분했다.

애플은 하드웨어와 소프트웨어의 완벽한 통합 전략으로 시장을 공략했다. 이는 최적화된 성능과 일관된 사용자 경험이라는 강점이 되었다. 반면 구글은 개방성과 다양성이라는 기치를 내걸고 공세를 펼쳤다. 다양한 제조사들이 안드로이드를 채택하면서 구글은 빠르게 시장을 잠식해나갔다.

이 경쟁은 앱 생태계, 개발자 지원, 사용자 경험 등 다양한 영역으로 확대되었다. 애플의 앱스토어와 구글의 플레이스토어는 새로운 디지털 경제의 중심지가 되었다. 개발자들은 이 두 거인의 플랫폼에서 혁신적인 앱을 선보이며 스마트폰의 가능성을 끊임없이 확장해나갔다.

결과적으로 이 경쟁은 무승부로 끝났다. 애플은 프리미엄 시장을 장악하며 높은 수익성을 확보했고 구글은 전 세계 스마트폰 시장의 대부분을 차지하는 압도적인 점유율을 달성했다. 두 기업은 각자의 영역에서 성공을 거두며 스마트폰 시장의 양대 산맥으로 자리 잡았다. 하지만 기술 발전은 멈추지 않았다. 새로운 경쟁의 장이 모습을 드러내기 시작했다. 바로 AI, 그중에서도 온디바이스 AI였다. 이 새로운 기술을 선점하는 자가 다음 경쟁의 승자가 될 것이다.

# 새로운 전장:
# 온디바이스 AI

최근 애플이 개발자 컨퍼런스에서 선보인 '애플 인텔리전스'는 온디바이스 AI라는 새로운 기술 잠재력을 여실히 보여주었다.

사용자가 시리에게 "아이 연극 공연에 늦을 것 같은데 어떡하지?"라고 묻자마자 시리는 놀라운 능력을 발휘한다. 전화번호부와 메시지 기록을 통해 딸을 식별하고 그녀가 보낸 공연 포스터에서 장소와 시간을 파악한다. 이어서 캘린더와 현재 위치를 고려해 공연장까지의 교통 상황을 예측하고 택시를 예약한다. 심지어 딸에게 늦을 거라는 메시지까지 보낸다.

🔍 **WWDC 2024에서 애플 인텔리전스 시나리오를 설명하고 있다**

출처: Apple

이 모든 과정이 사용자의 질문 한마디로 시작되어 완벽히 실행된다. 사용자는 여러 앱을 번갈아 실행할 필요도 없고 복잡한 명령어를 외울 필요도 없다. 자신의 목소리만으로 모든 것을 해결할 수 있다. 이것이 바로 온디바이스 AI가 구현하는 새로운 고객 경험이다. 이는 스마트폰 시장의 판도를 뒤집을 수 있는 게임 체인저다. 스마트폰이 진정한 '개인 비서'로 진화하는 순간이다. 사용자의 일상, 선호도, 행동 패턴을 깊이 이해하고 선제적으로 대응하는 AI는 스마트폰을 단순한 기기에서 없으면 안 될 생활 동반자로 격상시킨다. 이러한 변화는 사용자의 충성도를 높이고 결과적으로 시장 지배력을 강화하는 강력한 경쟁력이 될 것이다.

## 온디바이스 AI는 무엇인가?

AI 에이전트는 사용자의 컨텍스트를 기반으로 동작하기 때문에 개인 데이터를 다루는 과정에서 보안과 프라이버시 문제가 발생할 수 있다. 예를 들어 사용자의 위치 정보, 검색 기록, 금융 정보 등 민감한 개인 데이터가 클라우드 서버로 전송되어 처리될 경우 데이터 유출이나 무단 접근의 위험이 있다. 그 해결책으로 온디바이스 AI가 주목받고 있다. 온디바이스 AI는 AI 모델이 클라우드 서버가 아닌 사용자의 기기에서 직접 실행되는 기술이다.

온디바이스 AI의 주요 장점은 다음과 같다.

### 1. 데이터 프라이버시 강화

개인 데이터가 기기를 떠나지 않기 때문에 데이터 유출 위험이 크게 줄어든다. 예를 들어 사용자의 건강 정보나 금융 데이터를 기기 내에서 처리함으로써 외부 유출 가능성을 최소화할 수 있다.

**2. 실시간 처리**

네트워크 지연 없이 즉각적인 AI 처리가 가능하다. 이는 빠른 응답 속도가 중요한 애플리케이션에서 특히 유용하다. 예를 들어 음성 인식 기반의 AI 비서가 사용자의 명령에 즉시 반응할 수 있다.

**3. 네트워크 독립성**

인터넷 연결 없이도 AI 기능을 사용할 수 있다. 이는 네트워크 연결이 불안정한 환경에서도 일관된 서비스를 제공할 수 있게 한다. 예를 들어 오프라인 상태에서도 AI 기반 번역 앱을 사용할 수 있다.

**4. 비용 절감**

클라우드 서버의 사용량을 줄여 운영비용을 절감할 수 있다. 대규모 데이터 센터를 운영하는 대신 사용자의 기기를 활용함으로써 인프라 비용을 줄일 수 있다.

**5. 개인화**

사용자의 기기에서 직접 학습하므로 더 개인화된 서비스를 제공할 수 있다. 예를 들어 스마트폰의 키보드 앱이 사용자의 타이핑 패턴을 학습해 더 정확한 자동 완성 기능을 제공할 수 있다.

하지만 온디바이스 AI는 기기의 제한된 연산 능력으로 인해 복잡한 작업에는 한계가 있다. 이를 보완하기 위해 온디바이스 AI와 클라우드 AI의 하이브리드 모델이 등장했다. 기본적인 작업은 기기에서 처리하고 복잡한 연산이 필요한 경우에만 클라우드 AI를 호출하는 방식이다.

향후 온디바이스 AI 기술이 더 발전해 현재 클라우드에서만 가능한 복잡한 작업도 기기에서 점점 처리할 수 있을 것으로 예상된다. 이는 AI 서비스의 보안성과 응답성을 크게 향상시킬 것이며 개인화된 AI 경험을 제공하는 데 중요한 역할을 할 것이다.

## 경쟁의 시작:
## 구글과 삼성, 애플과 오픈AI의 연합

온디바이스 AI를 둘러싼 새로운 경쟁에서 주요 플레이어들은 각자의 강점을 활용하는 동시에 약점을 보완하기 위해 전략적 동맹을 맺고 있다. 이는 시장에서의 우위를 확보하기 위한 치열한 움직임이다.

애플은 이번에는 혼자가 아니다. 생성형 AI 혁신을 촉발한 오픈AI와 연합군을 형성했다. 이를 보면 애플은 아무래도 AI 기술 측면에서 후발주자임이 분명하다. 이번 아이폰16 신제품 발표에서 팀 쿡 애플 CEO가 "차세대 아이폰16 시리즈는 애플 인텔리전스를 위해 처음부터 설계되었다"라고 말했듯이 애플은 하드웨어와 소프트웨어의 수직 계열화라는 강점을 바탕으로 온디바이스 AI 성능을 극대화하는 데 집중하고 있다. M 시리즈 칩에 탑재된 뉴럴 엔진은 효율적인 AI 처리를 가능케 한다. 오픈AI 입장에서도 이 연합은 반갑다. 향후 애플을 통해 고객 데이터를 충분히 공급받으며 챗GPT를 더 고도화시킬 수 있기 때문이다. 이는 향후 애플의 전략을 더 강력히 만들 것이다. 아직 구체적으로 공개되지 않았지만 업계에서는 애플이 자사의 AI 비서인 시리에 GPT-4를 통합할 거라는 소문이 파다하다. 또한 애플의 '애플 인텔리전스' 플랫폼에 오픈AI의 기술이 접목될 가능성도 제기되고 있다. 이러한 움직임은 AI 시장의 판도를 완전히 뒤흔들 잠재력을 가지고 있다.

반면 구글은 딥마인드를 통해 오랫동안 AI 연구의 최전선에서 활약해왔고 최근 제미나이 등의 모델로 오픈AI를 추월하는 성과를 보이고 있다. 하지만 구글의 약점은 애플과 달리 자체 스마트폰 하드웨어 생산 능력이 제한적이라는 것이다. 이를 극복하기 위해 구글은 삼성과의 협력을 강화할 수밖에 없다. 이들은 다시 뭉칠 수밖에 없다.

구글-삼성 연합군은 이미 가시적인 성과를 내고 있다. 삼성의 최신 플래그십 모델인 갤럭시 S24 시리즈에는 구글의 제미나이 나노(Gemini Nano)가 탑재되어 있다. 이를 통해 실시간 번역, 문자 요약, 이미지 분석 등의 기능을 온디바이스에서 처리한다. 서클 투 서치 기능은 구글의 AI 기술과 삼성의 하드웨어가 완벽한 조화를 이룬 결정체다. 사용자는 화면의 어느 부분이든 원으로 그리기만 하면 즉시 관련 정보를 얻을 수 있다. 이는 사용자 경험을 혁신적으로 개선하는 강력한 경쟁력이다.

또한 삼성의 자체 AI 플랫폼인 갤럭시 AI는 구글의 기술을 기반으로 하면서도 삼성만의 특화된 기능을 제공한다. 라이브 트랜슬레이트(Live Translate)' 기능은 통화 중 실시간 번역을 제공하며 챗어시스트(Chat Assist)는 메시지의 톤을 자동으로 조정한다. 이러한 기능들은 모두 온디바이스에서 처리되어 빠른 속도와 높은 보안성을 자랑한다. 이는 사용자의 충성도를 높이고 경쟁사의 공세를 막아내는 중요한 요소가 될 것이다.

온디바이스 AI를 중심으로 구글과 애플의 전쟁이 시작되었다. 이번에는 1차 전쟁에 비하면 구글이 앞서나가는 분위기다. AI에 대한 구글의 그동안의 투자와 개발이 이 전쟁에서 유리한 고지 확보를 가능케 하고 있다. 온디바이스 AI 시장에서의 승리는 곧 AI 서비스의 관문을 장악하는 것을 의미한다. 스마트폰은 사용자가 AI와 처음 대화하는 접점이며 온디바이스 AI는 이후의 모든 서비스를 연결하는 중추 역할을 한다. 이는 곧 온디바이스 AI 시장의 승자가 전체 AI 서비스 시장을 주도할 것임을 의미한다. 이 경쟁의 승자는 단순히 스마트폰 시장 지배를 넘어 전체 디지털 생태계의 중심에 서게 될 것이다. 어쩌면 구글이 아마존의 쇼핑 왕좌를 차지할지도 모르겠다.

# 제10장

## 넥스트 스마트폰의 준비: 메타의 AR+AI 전략

메타가 생성형 AI 경쟁에서 뒤처졌다는 평가가 있었다. 하지만 2024년 9월 25일 메타 커넥트 행사는 이런 인식을 뒤집었다. 마크 저커버그가 선보인 AI와 AR의 결합 전략은 다른 빅테크 기업들과 확연히 다른 방향성을 보여주었다.

다른 기업들이 AI를 자사 플랫폼에 통합하는 데 주력하는 동안 메타는 AR과의 결합에 집중하고 있다. 이는 기술 추격을 넘어 스마트폰 이후 시대를 준비하는 전략으로 보인다. 저커버그의 머릿속에는 '넥스트 스마트폰'의 청사진이 이미 그려져 있는 것 같다.

실제로 생성형 AI와 가장 잘 어울리는 기기는 AR 글래스다. 하지만 그동안 AR 글래스는 일상생활에서 편리하게 사용하기 힘들었다. 그러나 이번에 공개된 '오리온(Orion)'은 다르다. 100g 미만의 가벼운 무게와 70도의 넓은 시야각은 기존 AR 글래스의 한계를 뛰어넘는다. 메타가 AI 기술 발표를 미뤄온 이유가 이 혁신적인 하드웨어 때문이었을까?

메타의 전략은 크게 세 가지로 보인다. 첫째, AR 기술로 현실과 가상을 연결한다. 둘째, 오픈소스 AI로 기술 발전 속도를 높여준다. 셋째, 이 두 기술을 결합해 새로운 컴퓨팅 플랫폼을 만든다. 페이스북, 인스타그램, 왓츠앱 등 거대한 사용자 기반은 이 전략을 실현하는 데 큰 힘이 될 것이다.

이 전략이 성공한다면 우리가 디지털 세계와 소통하는 방식은 근본적으로 바뀔 것이다. 스마트폰을 들여다보는 대신 우리 눈앞의 세상 자체가 디스플레이되는 시대가 올 수 있다. 과연 메타의 이 야심 찬 도전은 성공할 수 있을까? 그들이 그리는 미래는 어떤 모습일까? 메타가 선보인 주요 기술과 서비스들을 자세히 살펴보며 그 가능성을 타진해보자.

## 오리온:
## AR의 새로운 지평을 열다

이번 행사의 핵심은 단연 AR 글래스 '오리온'이었다. 마크 저커버그가 '세계가 본 적 없는 가장 진보된 안경'이라고 소개한 이 제품은 기존 AR 글래스의 한계를 크게 뛰어넘는 성능을 자랑한다.

오리온의 주요 스펙을 보면 100g 미만의 가벼운 무게와 70도에 달하는 넓은 시야각이 가장 눈에 띈다. 이는 현존하는 AR 글래스 중 최고 수준이다. 특히 시야각은 인간의 자연스러운 시야를 거의 완벽히 커버하는 수준으로 몰입감 있는 AR 경험을 제공할 수 있을 것으로 보인다.

오리온의 핵심 기술 중 하나는 실리콘 카바이드로 만든 렌즈다. 이 소재는 기존 유리 소재보다 훨씬 얇고 가벼우면서도 더 넓은 시야각을 구현할 수 있게 해준다. 또한 내구성이 뛰어나고 굴절률이 높아 선명한 AR 경험을 제공하는 장점이 있다.

디스플레이 기술도 주목할 만하다. 마이크로 LED 프로젝터가 안

### 오리온을 통해 본 스크린

출처: Meta blog

경 프레임에 내장되어 있어 렌즈에 이미지를 투사한다. 이로 인해 기존 AR 안경들보다 훨씬 밝고 선명한 이미지를 제공할 수 있게 되었다. 실내는 물론 밝은 야외에서도 선명한 AR 콘텐트를 볼 수 있

### 오리온 뉴럴 손목밴드

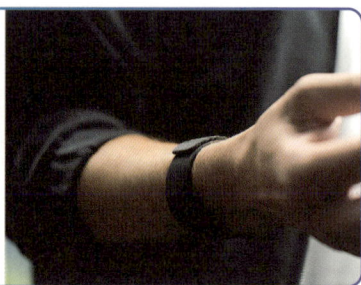

출처: 더버지

다는데 실제 사용 환경에서 큰 장점이 될 것으로 보인다.

오리온의 또 다른 혁신은 조작 방식에 있다. 손목에 착용하는 밴드 형태의 신경 인터페이스, 오리온 뉴럴 손목밴드(Orion neural wristband)를 통해 AR 글래스를 제어하는 방식을 채택했다. 이 신경 인터페이스는 근전도(EMG)를 사용해 손동작과 관련된 신경 신호를 해석한다.

주요 제스처로는 엄지와 검지를 맞대는 동작으로 선택하기, 중지와 엄지를 맞대어 메인 메뉴 불러오기, 엄지를 위아래로 스와이프해 스크롤하기 등이 있다. 밴드의 햅틱 피드백이 제스처 인식을 알려줘 사용자가 빠르게 조작법에 익숙해질 수 있다고 한다.

이 기술의 가장 큰 장점은 공공장소에서도 부담 없이 AR 기기를 조작할 수 있다는 것이다. 카메라를 통한 제스처 인식과 달리 주변 환경이나 조명의 영향을 받지 않아 정확도도 높을 것으로 예상된다.

저커버그는 이 기술이 앞으로 더 발전해 움직임이 거의 없는 제스처도 인식하게 될 것으로 전망했다. 이는 AR 사용을 더 직관적이고 편리하게 만들어줄 전망이다. 다만 오리온의 제조 비용이 대당 1만 달러에 달해 당장 상용화는 어려워 보인다. 메타는 이를 내부 개발용 프로토타입으로 활용할 계획이라고 밝혔다. 향후 소비자용 제품에서는 비용을 낮추기 위해 다른 소재를 사용하거나 제조 공정을 개선할 예정이라고 한다.

오리온은 아직 프로토타입 단계이지만 AR 기술의 미래를 보여주는 중요한 이정표로 여겨진다. 메타가 이를 통해 축적할 기술과 경험은 향후 소비자용 AR 제품 개발에 큰 밑거름이 될 전망이다.

## 레이밴 메타 AI 글래스:
## 일상 속 AR의 진화

다음으로 주목할 제품은 레이밴 메타(Ray-Ban Meta) 스마트 글래스의 신규 버전이다. 이번 업그레이드의 핵심은 AI 기능의 강화다.

가장 눈에 띄는 변화는 음성 명령 시스템의 개선이다. 기존에는 명령을 시작할 때 항상 "Hey, Meta!"라고 말해야 했는데 이제는 자연스럽게 AI와 대화할 수 있다고 한다. 이는 사용자 경험을 크게 개선할 것으로 보인다.

흥미로운 기능 중 하나는 주차 위치 기억 애플리케이션이다. 사용자가 주차한 위치를 글래스에게 기억하라고 말하면 나중에 "어디에 주차했지?"라고 물었을 때 정확한 위치를 알려준다고 한다. 이는 일상생활에서 AR 기술의 실용성을 여실히 보여주는 사례다.

메타는 '비 마이 아이즈(Be My Eyes)'라는 앱과의 파트너십도 발표했다. 이 앱은 시각장애인들이 자원봉사자들의 도움을 받아 주변 환경을 이해할 수 있게 해주는 서비스다. 스마트 글래스와 결합되면

### 레이밴 메타 AI 글래스를 통해 본 스크린

출처: 메타 블로그

시각장애인들의 일상생활이 더 편리해질 것으로 기대된다. 이는 AR 기술이 단순한 편의를 넘어 사회적 가치를 창출할 수 있음을 보여주는 좋은 사례다.

음악 감상 경험도 개선되었다. 쇼피파이, 아마존 뮤직(Amazon Music)과의 통합이 강화되었고 오더블(Audible), 아이허츠(iHeart)와의 새로운 파트너십도 체결되었다. 사용자는 음성 명령으로 노래, 아티스트, 앨범, 오디오북 등을 검색하고 재생할 수 있다고 한다. 이 제품은 완전한 AR 경험을 제공하는 오리온이 출시되기 전까지 사용자들이 AR의 편리함을 경험할 수 있는 징검다리 역할을 할 것으로 보인다. 또한 실제 시장에서의 반응을 통해 메타는 향후 AR 제품 개발에 필요한 귀중한 데이터를 수집할 수 있을 것이다.

## 메타퀘스트 3s: VR/AR의 대중화를 향한 도전

이번 행사에서 공개된 메타퀘스트(Meta Quest) 3s는 VR/AR 시장의 대중화를 위한 메타의 야심 찬 도전으로 보인다. 299달러라는 파격적인 가격에 출시된 이 제품은 기존 퀘스트3의 성능을 거의 그대로 유지하면서 가격을 40% 가까이 낮췄다.

퀘스트 3s는 값비싼 마이크로 OLED 디스플레이 대신 LCD를 채택했다. 하지만 1832x1920 해상도에 120Hz 화면 주사율을 지원해 사용자들이 체감하는 차이는 적을 것으로 보인다. 퀘스트 3s의 강점은 다양한 콘텐트다. 2D 앱부터 PC 원격 접속, 몰입형 VR까지 폭넓게 지원한다. 사용자가 원하는 곳에 화면을 띄우고 여러 앱을 동시에 실행할 수 있어 가상공간에서 PC처럼 작업할 수 있다고 한다. 마이크로소프트와 협력해 윈도우11 연결 기능도 개선한 덕분에 가상 화면 여러 개를 띄워놓고 작업할 수 있어 재택근무나 원격 협업에 유용할 것으로 보인다.

## 퀘스트 3s 가격을 발표하는 저커버그

출처: 테크크런치 X

게임 면에서도 퀘스트 3s는 강점이 있다. '배트맨: 아캄 섀도우' 같은 인기 게임을 독점 제공해 VR/AR 게임 시장에서 메타의 입지를 더 굳힐 전망이다. 299달러라는 가격에 고품질 VR/AR 기기를 내놓으면서 메타는 이 시장의 주도권을 잡겠다는 의지를 분명히 보여주었다. 이는 VR/AR 기술의 대중화를 크게 앞당길 것으로 예상된다.

## 라마 3.2:
## 메타의 야심 찬 AI 전략

이번 발표에서 라마(Llama) 3.2는 간단히 발표했다. 하지만 라마가 메타의 전략에서 중요한 위치를 차지하니 여기서 언급하고 넘어가자.

라마 3.2는 메타의 AI 전략에서 핵심적 위치를 차지한다. 이는 메타가 개발한 대규모 언어 모델로 다른 빅테크 기업들의 AI 모델에 뒤지지 않는 성능을 자랑한다. 성능 면에서 라마 3.2는 경쟁 모델들과 견줄 수준이다. 다양한 벤치마크 테스트 결과 라마 3.2는 챗GPT-3.5와 유사하거나 일부 영역에서는 더 나은 성과를 보여준다. 특히 코딩, 수학적 추론, 다국어 처리 등에서 강점을 나타내고 있다.

구글의 제미나이와 비교해도 상당한 경쟁력을 보이지만 여전히 일부 멀티모달 기능과 대규모 지식 기반 질문 응답에서는 제미나이가 우위를 점하고 있어 향후 개선이 필요해보인다. 하지만 라마 3.2는 텍스트뿐만 아니라 이미지를 이해하고 처리할 수 있는 멀티모달 기능을 통해 AI의 활용 범위를 넓히고 있다.

메타의 전략에서 주목할 점은 라마를 오픈소스로 공개했다는 것이다. 이는 다른 빅테크 기업들과 차별화되는 전략으로 전 세계 개발자들이 자유롭게 사용하고 수정할 수 있도록 했다. 이는 메타가 후발주자로 AI 시장에서 빠르게 성장하고 더 큰 기술적 영향력을 확보하기 위한 전략으로 볼 수 있다.

메타의 오픈소스 전략은 AI 기술 발전 속도를 높이고 생태계를 확장하는 데 중요한 역할을 한다. 전 세계 개발자가 라마 3.2를 활용해 다양한 애플리케이션을 개발함으로써 메타의 AI 생태계는 급성장할 것으로 예상된다. 다만 이러한 오픈소스 전략에 대한 일부 논란이 있다. 상업적 사용에 대한 제한적 라이선스 조건이 존재하기 때문에 완전한 오픈소스 모델이라는 주장에 대해 비판이 제기되고 있다. 그럼에도 불구하고 메타의 이러한 전략은 AI 산업에서 메타의 기술적 우위를 강화하고 시장에서의 위치를 공고히 해줄 것으로 보인다.

## 메타 AI:
## 일상 속 지능형 어시스턴트

그럼 라마 3.2가 메타의 인스타그램, 페이스북, 틱톡, 왓츠앱에 어떻게 적용되는지 살펴보자.

가장 인상적인 것은 음성 인터페이스다. 저커버그가 "Hey, Meta!"라고 부르자 아쿼피나(Awkwafina)의 목소리로 메타 AI(Meta AI)가 대답했다. 아쿼피나뿐만 아니라 존 세나(John Cena), 주디 덴치(Judi Dench) 등 유명인의 목소리로 AI 응답을 받을 수 있다고 한다.

이미지 인식 및 편집 기능도 한층 강화되었다. 예를 들어 사용자가 음식 사진을 업로드하고 "이 요리는 어떻게 만들어?"라고 물으면 AI가 즉시 상세한 레시피를 제공한다고 한다. 또한 "이 사진의 배경을 해변으로 바꿔줘"라는 간단한 음성 명령만으로도 복잡한 편집이 가능하다고 한다.

마지막으로 주목할 것은 AI 번역 도구다. 동영상 속 음성을 다른 언어로 자동 번역하고 립싱크까지 맞춰주는 이 기술은 글로벌 콘텐

아쿼피나의 목소리와 대화하는 저커버그

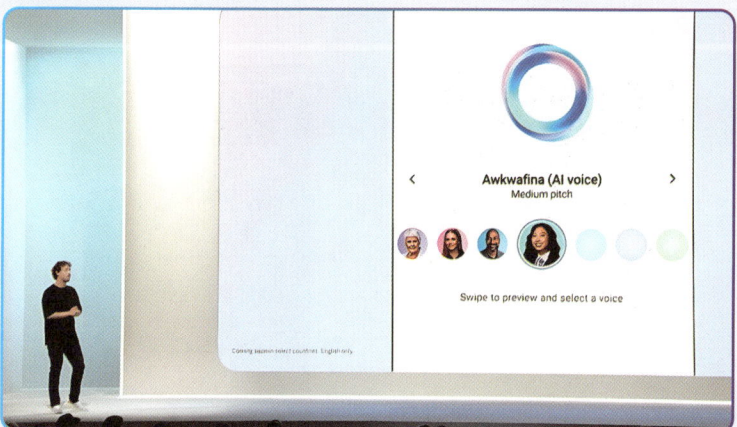

출처: 테크크런치 X

 메타 AI 이미지 인식 기능

출처: 테크크런치 X

## 메타 AI 통역 기능

출처: 메타 블로그

트 소비에 혁명을 일으킬 것으로 보인다. 현재는 영어와 스페인어 간 번역이 가능하며 앞으로 더 많은 언어로 확장될 예정이라고 한다.

메타 커넥트 2024는 메타가 그리는 미래 컴퓨팅의 청사진을 보여주었다. AI와 AR의 결합을 통한 새로운 컴퓨팅 환경 제시는 흥미로운 비전이며 이는 '넥스트 스마트폰'의 가능성을 보여준다.

오리온, 레이밴 메타 스마트 AI 글래스, 퀘스트 3s 등의 하드웨어와 라마 3.2, 메타 AI 등의 소프트웨어 기술은 메타가 이 비전을 실현하기 위해 준비해온 핵심 요소들이다. 특히 오리온은 그 가벼운 무게와 넓은 시야각으로 일상생활에서 사용 가능한 AR 기기의 모습을 보여주었다. 이는 스마트폰 이후 주요 컴퓨팅 기기가 될 잠재력을 가지고 있다.

메타의 AI 기술을 오픈소스로 공개하면서도 AR 하드웨어와의 긴밀한 연계를 추구하는 전략은 '넥스트 스마트폰' 시대를 준비하는 메타의 의도를 보여준다. 이러한 도전이 실제로 새로운 컴퓨팅 시대를 열 수 있을지 그 결과가 궁금하다.

제4부

플랫폼 커머스의 종말

지금까지 우리는 AI가 유통 산업을 어떻게 변화시키는지 살펴보았다. 아마존, 월마트, 구글이 생성형 AI를 도입해 개인화된 쇼핑 경험을 제공하는 방식을 보았고 퍼플렉시티의 등장으로 새로운 형태의 AI 기반 쇼핑이 시작되는 것을 확인했다. 특히 클로드가 선보인 컴퓨터 직접 제어 기능은 AI 쇼핑 에이전트가 단순한 상상이 아닌 실현 가능한 기술임을 보여주었다.

더 나아가 우리는 구글과 애플이 온디바이스 AI를 통해 쇼핑 시장의 주도권을 어떻게 잡으려고 하는지, 메타가 AR과 AI를 결합해 새로운 쇼핑 경험을 어떻게 준비하는지도 살펴보았다. 이 모든 변화가 가리키는 방향은 하나다. 바로 현재의 플랫폼 커머스가 종말을 맞이할 수 있다는 것이다.

그동안 네이버, 쿠팡, 아마존과 같은 거대 플랫폼들이 쌓아온 경쟁력이 순식간에 무력화될 수 있다. 검색과 광고 중심의 비즈니스 모델은 붕괴하고 초고속 배송과 같은 차별화 요소도 의미를 잃을 것이다. 그 대신 새로운 시대의 승자는 사용자의 일상 데이터를 가장 잘 확보하고 활용할 수 있는 기업이 될 것이다.

제4부에서는 이러한 플랫폼 커머스의 몰락이 어떤 과정을 통해 일어날 것인지, 기존 유통 기업들은 이 위기를 어떻게 극복할지 상세히 살펴보고자 한다.

제11장

PSA 시대와
플랫폼 커머스의 종말

# PSA 시대의 쇼핑 시나리오

이번 주말 데이트에 입을 새 원피스가 필요하다고 생각한 유라는 자신의 PSA(Personal Shopping Agent)에게 말을 건다.

> "PSA야, 이번 주말 데이트에 입을 원피스를 추천해줘."
>
> "네, 유라 님. 주말 데이트에 입으실 원피스를 추천해드리겠습니다. 약속 장소와 시간, 예산 범위를 알려주시면 도움이 될 것 같습니다."
>
> "토요일 저녁 7시, 강남 이탈리안 레스토랑이야. 예산은 20만 원 정도 생각하고 있어."
>
> "알겠습니다. 유라 님의 선호도, 체형, 최근 구매 이력, 약속 장소 분위기를 고려해 최적의 원피스를 찾아보겠습니다."

PSA는 즉시 작업을 시작한다. 유라의 SNS 활동, 사진, 일정 등을 종합적으로 분석해 그녀의 스타일 취향, 데이트 상황, 약속 장소 등을 파악한다. 유라의 체형 데이터와 최근의 피트니스 앱 기록을 확인해 현재 체형에 가장 잘 맞는 사이즈를 선별한다.

PSA는 유라의 인스타그램에 올라온 최근 사진들의 색상 팔레트를 분석해 그녀가 선호하는 색상을 파악하고 약속 장소인 레스토랑 분위기와 드레스 코드를 확인해 적절한 스타일의 원피스를 선정한다. 날씨 예보도 확인해 당일 야외 활동에 적합한 소재의 원피스를 우선 고려한다. 이러한 복합적인 요소들을 모두 고려해 PSA는 다양한 쇼핑몰을 검색해 최적의 원피스 세 벌을 선별한다. 그리고 유라의 실제 사진에 이 원피스들을 합성해 가상 피팅 이미지를 만들어낸다.

> "유라 님, 분석 결과 세 가지 옵션을 추천해드립니다. 첫 번째는 네이비 컬러의 미디 길이 랩 드레스입니다. 최근 자주 착용하신 색상과 어울리고 레스토랑 분위기와도 잘 맞습니다. 두 번째는 파스텔 톤의 플로럴 프린트 원피스로 유라 님이 좋아하시는 브랜드의 새 컬렉션입니다. 세 번째는 클래식한 리틀 블랙 드레스인데 다양한 액세서리와 매치하기 좋아 활용도가 높습니다."
>
> "음… 두 번째 옵션이 마음에 드네. 더 자세히 설명해줄래?"
>
> "네, 이 원피스는 부드러운 실크 소재로 제작되었고 허리 라인의 플리츠 디테일이 체형을 아름답게 살려줍니다. 또한 최근 유라 님이 구매하신 베이지 컬러 샌들과 잘 어울릴 것 같습니다. 현재 온라인 쇼핑몰에서 15% 할인 중이어서 17만8천 원에 구매 가능합니다. 다음 날 배송이 가능해 금요일까지 받아보실 수 있습니다."

PSA는 각 원피스의 상세한 정보를 제공한다. 소재의 특성, 관리 방법, 다른 소비자들의 리뷰, 그 브랜드의 윤리 경영 점수 등도 함께 제시한다. 또한 유라의 침실 옷장에 있는 아이템들과의 조합 가능성도 분석해 제안한다.

> "좋아 보이네! 그럼 그걸로 주문해줘."
>
> "네, 주문을 진행하겠습니다. 결제는 유라 님이 선호하시는 신용카드로 진행할까요? 현재 이 카드로 결제하시면 5% 추가 할인이 적용됩니다."
>
> "응, 그렇게 해줘."
>
> "주문이 완료되었습니다. 배송 현황을 실시간으로 추적해 알려드리겠습니다. 그리고 원피스에 어울리는 액세서리와 메이크업 팁을 제안해드릴까요?"
>
> "그래, 부탁해."
>
> "네, 준비해두겠습니다. 그리고 데이트 당일 날씨를 확인해보니 저녁에 선선해질 것 같습니다. 가벼운 재킷을 함께 준비하시는 것이 좋을 것 같아요. 유라 님의 옷장에 있는 베이지 컬러 크롭 재킷이 잘 어울릴 것 같습니다."

주문이 완료된 후에도 PSA의 역할은 계속된다. 자동으로 배송 추적을 진행하고 제품 도착 예정 시간을 유라에게 알려준다. 또한 원피스 착용 전 주의사항(예: 특정 소재의 다림질 방법)을 안내하고 데이트 당일의 헤어스타일과 메이크업 팁도 함께 제공한다.

> "고마워, PSA. 정말 큰 도움이 되었어."
>
> "천만에요, 유라 님. 즐거운 데이트 되세요. 다른 필요한 것이 있으면 언제든 말씀해 주세요."

이 시나리오는 AI 에이전트인 PSA가 사용자의 개인적 선호도, 상황, 다양한 외부 요인을 종합적으로 고려해 최적의 쇼핑 경험을 어떻게 제공하는지를 보여준다. PSA는 단순히 제품을 추천하는 것을 넘어 전체 쇼핑 프로세스를 관리하고 사용자의 전반적인 경험을 향상하는 역할을 한다.

### PSA 쇼핑 시나리오

출처: 비욘드엑스 AI커머스센터

# PSA 시대, 플랫폼 커머스의 재편

유라의 쇼핑 시나리오로 우리는 PSA 시대에 플랫폼 커머스가 어떻게 붕괴할 수 있는지 예측할 수 있다. 전통적인 이커머스 플랫폼들이 직면할 주요 도전 과제를 살펴보자.

이러한 변화가 유통 산업에 미칠 영향을 구체적으로 살펴보자.

## 플랫폼의 중개자 역할 상실

현재 네이버, 쿠팡, 아마존과 같은 대형 이커머스 플랫폼들은 소비자와 판매자를 연결하는 중요한 중개자 역할을 한다. 이들은 방대한 상품 데이터, 사용자 리뷰, 가격 비교 기능 등을 제공하며 소비자의 구매 결정을 도와준다. 하지만 PSA의 등장으로 이러한 역할은 PSA로 이동할 것이다.

유라의 사례에서 보았듯이 PSA는 쇼핑의 새로운 게이트웨이가 된다. PSA가 어느 플랫폼에서 검색할지 결정하고 소비자의 구매 이력과 결제 정보를 관리하며 개인화된 추천을 제공한다. 소비자들은 더 이상 개별 쇼핑몰을 방문할 필요가 없어진다. PSA가 모든 플랫폼을 동시에 검색해 최적의 옵션을 제시할 것이기 때문이다. 이러한 변화는 플랫폼들의 기존 비즈니스 모델에 큰 도전을 제기한다. 플랫폼들은 여러 측면에서 중대한 영향을 받는데 먼저 고객 접점의 감소가 큰 문제가 된다.

PSA가 주요 쇼핑 진입점이 되면서 소비자들이 플랫폼을 직접 방문하는 빈도가 줄어들어 플랫폼이 고객과 직접 상호작용할 기회가 크게 제한된다. 이는 곧 데이터 수집 능력의 약화로 이어진다. 고객 접점이 줄어들면서 플랫폼은 소비자의 검색 패턴, 브라우징 행동, 구매 결정 과정 등의 상세한 데이터 수집이 어려워지며 이는 플랫폼의 개인화 서비스와 추천 시스템의 정확도를 떨어뜨릴 수 있다.

이러한 변화들은 궁극적으로 플랫폼의 경쟁력과 수익 구조에 중대한 변화를 가져올 수 있다. 플랫폼들은 고객 관계 유지, 데이터 확보, 새로운 수익 모델 창출 등 다양한 측면에서 혁신적인 전략을 모색해야 할 상황에 직면할 것이다.

## 검색 및 광고 모델의 붕괴

현재 대부분의 이커머스 플랫폼들은 검색 광고와 디스플레이 광고에서 상당한 수익을 올리고 있다. 판매자들은 자사 제품을 상위에 노출하기 위해 많은 광고비를 지출한다. 하지만 앞의 퍼플렉시티 쇼핑에서 보았듯이 PSA 시대에는 이러한 광고 모델이 효과를 잃을 것이다.

PSA는 사용자의 실제 니즈와 선호도를 바탕으로 제품을 추천하기 때문에 광고주의 지불 금액과 관계없이 가장 적합한 제품을 제시한다. 이는 검색 결과 상위 노출을 위해 광고비를 지불하는 현재의 모델을 무력하게 만든다.

이는 플랫폼들의 주요 수익원이 사라짐을 의미한다. 아마존은 2022년 광고 수익이 약 310억 달러에 달했고 구글은 2022년 총매출의 약 80%가 광고 수익이었다. 이러한 수익이 대폭 감소하면 플랫폼의 비즈니스 모델 자체가 위협받는다.

더 나아가 이는 전체 디지털 광고 시장의 붕괴로 이어질 수 있다. 이마케터(eMarketer)에 따르면 2023년 전 세계 디지털 광고 시장 규모는 약 6,000억 달러에 달할 것으로 예상한다. PSA의 등장으로 이 거대한 시장이 근본적인 변화에 직면할 수 있다.

## 웹사이트와 앱의 존재 가치 상실

현재 이커머스 기업들은 사용자 경험(UX) 개선에 많은 투자를 하고 있다. 직관적인 내비게이션, 빠른 로딩 속도, 세련된 디자인 등이 중요한 경쟁력으로 여겨진다. 하지만 PSA 시대에는 이러한 요소들의 중요성이 크게 줄어들 수 있다.

유라의 사례처럼 사용자들은 PSA와 나누는 대화만으로 원하는 제품을 찾아 구매할 수 있게 된다. 더 이상 여러 웹사이트를 돌아다니며 제품을 비교할 필요가 없어지는 것이다. 이는 기업들이 웹사이트와 앱 개발에 투자한 막대한 비용이 무의미해질 수 있음을 의미한다.

아마존은 매년 수십억 달러를 기술 개발에 투자하고 있으며 그중 상당 부분이 웹사이트와 앱 개선에 사용된다. 2022년 아마존의 기술 및 콘텐트 관련 지출은 약 730억 달러에 달했다. PSA 시대에는 이러한 투자의 가치가 크게 줄어들 수 있다.

## 대규모 상품 보유의 의미 퇴색

아마존, 알리바바, 쿠팡 등 대형 이커머스 기업들은 방대한 상품 구색을 자랑한다. 이는 '원스톱 쇼핑'이 가능한 장점으로 여겨져 왔다. 하지만 PSA의 등장으로 이러한 장점이 약해질 수 있다.

PSA는 여러 플랫폼을 동시에 검색해 최적의 제품을 찾아낼 수 있어 단일 플랫폼이 모든 상품을 보유할 필요성이 줄어든다. 이는 대규모 물류 센터 운영, 재고 관리 등에 들어가는 막대한 비용이 더 이상 경쟁 우위로 작용하지 않을 수 있음을 의미한다.

아마존은 전 세계에 175개 이상의 대규모 물류 센터를 운영 중이며 매년 수십억 달러를 투자한다. 2022년 아마존의 물류 지출은 약 840억 달러에 달했다. PSA 시대에 이러한 막대한 투자는 과잉 설비로 전락할 위험이 있다.

## 빠른 배송 경쟁의 종식

현재 이커머스 시장에서는 당일 배송, 새벽 배송 등 초고속 배송이 중요한 경쟁력으로 작용하고 있다. 하지만 PSA의 등장으로 이러한 경쟁의 의미가 퇴색될 수 있다.

PSA는 사용자의 니즈를 미리 예측해 선제적으로 주문을 처리할 수 있어 극단적인 초고속 배송의 필요성이 줄어들 수 있다. PSA가 사용자의 생활 패턴을 분석해 생필품이 떨어질 시기를 정확히 예측하고 미리 주문을 넣는다면 급하게 당일 배송을 요청할 경우가 줄어든다.

이는 쿠팡, 마켓컬리 등이 초고속 배송 시스템 구축에 투자한 막대한 비용이 무의미해질 수 있음을 의미한다. 쿠팡은 로켓배송을 위해 전국에 다수의 물류 센터를 건설하고 수만 명의 배송 인력을 고용 중이다. 2022년 쿠팡의 물류 관련 지출은 약 5조 원에 달했다. PSA 시대에는 이러한 투자가 과도한 것으로 여겨질 수 있다.

PSA의 등장은 유통 산업에 쓰나미와 같은 파괴적 혁명을 예고한다. 이는 단순한 기술 혁신이나 점진적 변화가 아니다. 우리가 알고 있는 쇼핑의 개념 자체를 완전히 뒤엎는 근본적인 변혁이다.

상상해보자. 소비자들이 더 이상 네이버, 쿠팡, 아마존과 같은 거대 플랫폼에 직접 접속하지 않는 세상을. 검색창에 키워드를 입력하거나 카테고리를 탐색할 필요가 없어진 쇼핑 환경을. 광고나 할인 행사에 현혹되지 않고 오직 자신에게 가장 적합한 제품만 추천받는 미래를.

이것이 바로 PSA가 가져올 변화의 본질이다. 소비자들은 더 이상 쇼핑을 하지 않고 쇼핑이 그들에게 일어난다. PSA는 사용자의 일상을 꾸준히 분석하고 그들의 니즈를 선제적으로 파악해 적시에 적절한 제품을 제안하고 구매를 대행한다.

이러한 변화는 현재 유통 산업의 근간을 흔든다. 지금까지 쌓아온 모든 경쟁력이 한순간에 무의미해질 수 있다. 수년간 공들여 구축한 브랜드 파워, 방대한 상품 데이터베이스, 정교한 추천 알고리즘, 초고속 배송 시스템 등 기존 유통 기업들이 자랑하던 모든 강점이 PSA 앞에서는 무용지물이 될 수 있다.

이는 더 나아가 산업 생태계 전체의 대대적 재편을 의미한다. 현재의 유통 구조에서 중요한 역할을 하던 많은 주체인 대형 쇼핑몰,

중소 온라인 스토어, 물류 회사, 광고 대행사 등이 존재 의미를 상실할 수 있다. 마치 스마트폰의 등장이 휴대전화 산업을 완전히 재편했던 것과 비슷하다. 당시 노키아, 모토로라와 같은 거인들이 몰락하고 애플, 삼성과 같은 새로운 강자가 부상했다. PSA의 등장은 이보다 더 큰 규모의 더 근본적인 변화를 유통 산업에 가져올 것이다.

## PSA 시대, 기업들의 과제

PSA 시대의 주도권은 초개인화 데이터와 컨텍스트를 가장 잘 확보한 기업들이 잡을 것이다. 이러한 관점에서 몇 가지 유형의 기업들이 유리한 위치에 있다.

 디바이스 제조업체인 애플과 삼성은 스마트폰, 웨어러블 기기 등을 통해 사용자의 일상생활 데이터를 광범위하게 수집할 수 있다. 이들은 사용자의 건강 데이터, 위치 정보, 앱 사용 패턴 등 다양한 데이터를 확보해 사용자의 생활 전반을 이해하는 데 유리하다. SNS 기업들도 주목해야 한다. 메타(구 페이스북) 같은 소셜미디어 기업들은 사용자의 관심사, 인간 관계, 라이프스타일 등의 풍부한 데이터를 보유해 사용자의 취향과 선호도를 정확히 파악할 수 있다. 검색 엔진 기업인 구글은 사용자의 검색 기록, 방문 웹사이트, 사용 앱 등의 정보를 통해 사용자의 의도와 관심사를 정확히 파악할 수 있다는 강점이 있다.

반면 기존 유통 기업들은 상대적으로 불리한 위치에 있다. 아마존, 월마트와 같은 대형 유통업체들은 방대한 쇼핑 데이터를 보유 중이지만 이는 개인화된 데이터가 아니라는 한계가 있다. 단순히 구매 이력만으로는 진정한 의미의 PSA를 제공하기 어렵다. 하지만 아마존의 알렉사(Alexa)는 이러한 한계를 극복할 가능성을 보여준다. 알렉사는 단순한 음성 비서를 넘어 사용자의 일상생활에 깊이 관여하면서 개인화된 데이터를 수집할 수 있는 강력한 도구가 되었다. 사용자의 음악 취향, 쇼핑 목록, 일정 관리, 스마트 홈 제어 등 다양한 영역에서 데이터를 수집하고 분석함으로써 아마존은 사용자의 생활 패턴과 선호도를 종합적으로 이해할 수 있게 되었다.

알렉사와 같은 도구를 개발하기 어려운 다른 유통 플랫폼에게는 AI와 효과적으로 커뮤니케이션할 수 있는 구조를 만드는 것이 시급한 과제다. 이들은 AI 에이전트가 쉽게 이해하고 처리할 수 있는 형태의 데이터 구조와 커뮤니케이션 프로토콜을 개발해야 한다. 예를 들어 상품 정보, 재고 상태, 가격 정책 등을 AI가 쉽게 해석하고 활용할 수 있는 형태로 구조화하는 것이 필요하다.

마케팅업계도 큰 변화를 맞는다. 소비자가 광고를 직접 접할 기회가 줄면서 마케팅의 대상이 인간에서 AI 에이전트로 변화한다. 이는 마케팅의 본질적인 변화를 의미하며 감성적 호소나 브랜드 이미지보다 제품의 객관적 특성, 가격 경쟁력, 고객 맞춤도 등이 더 중요해진다. 즉 인간 소비자가 아닌 AI 에이전트를 설득하기 위한 데이터 중심의 마케팅 전략이 필요해질 것이다. 이러한 변화는 UI 디자이너의 역할에도 큰 영향을 미칠 것이다. 전통적으로 UI 디자이너들은 사용자의 시각적 경험을 최적화하는 데 주력해왔다. 화려한 배너, 눈길을 끄는 레이아웃, 감성적 이미지 등을 통해 사용자의 관심을 끌고 구매를 유도하는 것이 주요 업무였다. 하지만 PSA 시대에는 이러한 시각적 요소의 중요성이 크게 줄어들 것이다. 그 대신 UI 디자이너의 역할은 AI가 쉽게 이해하고 처리할 수 있는 정보 구조를 설계하는 방향으로 변화할 것이다. 예를 들어 제품의 특성, 사용 방법, 고객 리뷰 등을 AI가 효율적으로 분석할 수 있는 형태로 구조화하는 것이 중요해질 것이다. 또한 AI와 사용자 간 상호작용을 원활히 하는 인터페이스 설계에 집중하게 될 것이다. 이는 UI/UX 디자인의 새로운 패러다임을 요구한다. 예를 들어 음성 인터페이스나 AR/VR 기술을 활용한 가상 쇼핑 경험 디자인이 더 중요해질 것이다.

중소상인들에게 PSA는 위기이자 기회가 될 수 있다. 기존 대형 플랫폼에 대한 의존도가 줄어들면서 자신만의 독특한 가치를 가진 중소상인들이 더 넓은 시장에 접근할 기회가 생긴다. AI 에이전트들이 전 세계 모든 상품을 검색하고 비교할 수 있게 되면 특색 있는 소규모 상점들도 글로벌 고객에게 노출될 수 있기 때문이다. 하지만 중소상인들이 이러한 기회를 활용하기 위해서는 자신들의 제품과 서비스에 대한 데이터를 AI가 이해하기 쉬운 형태로 구조화하는 노력이 필요하다. 또한 자신만의 독특한 가치와 스토리를 효과적으로 전달하는 방법을 개발해야 한다. 이는 단순한 제품 설명을 넘어 제품의 생산 과정, 원재료의 출처, 환경적 영향 등 다양한 측면에서의 정보를 포함할 수 있다.

결론적으로 PSA 시대는 기존 유통 산업의 질서를 근본적으로 재편한다. 이 새로운 패러다임에서 성공하기 위해서는 고객의 컨텍스트를 정확히 이해하고 이를 바탕으로 한 정교한 AI 서비스를 제공할 수 있어야 한다. 동시에 AI 에이전트와 나누는 효과적인 커뮤니케이션을 위한 새로운 데이터 구조와 프로토콜을 개발하는 것이 모든 참여자의 핵심 과제가 된다.

이러한 변화에 성공적으로 대처하는 기업들은 새로운 시대의 승자가 될 것이고 그렇지 못한 기업들은 도태될 위험이 크다. 따라서 모든 유통 관련 기업들은 AI 기술에 대한 투자와 함께 데이터 수집 및 분석 능력 강화, AI 친화적 비즈니스 모델 개발 등을 서둘러야 할 것이다.

제12장

카카오의 반격:
메시지 플랫폼에서
AI 쇼핑 게이트웨이로

지금까지 우리는 AI 쇼핑 에이전트가 등장하면서 기존 이커머스 구조가 어떻게 붕괴할 수 있는지를 살펴보았다. 네이버와 쿠팡 같은 거대 플랫폼들이 쌓아온 경쟁력이 순식간에 무력화될 수 있으며 검색과 광고 중심의 비즈니스 모델은 붕괴하고 초고속 배송과 같은 차별화 요소도 의미를 잃을 것이다. 그 대신 새로운 시대의 승자는 사용자의 일상 데이터를 가장 잘 확보해 활용하는 기업이 될 것이다.

AI 쇼핑 에이전트 시대의 핵심은 단순히 자체 AI 기술 역량이 아니라 어떤 채널이 쇼핑의 출입구(게이트웨이)를 장악하는가와 누가 사용자 맥락(컨텍스트)을 가장 깊이 이해하는가에 달려 있다. 이러한 관점에서 볼 때 '국민 메신저' 카카오톡을 보유한 카카오는 게이트웨이 장악력과 컨텍스트 이해력 측면에서 경쟁 우위를 가질 가능성이 크다.

## 카카오의 게이트웨이 경쟁력: 국민 메신저의 힘

카카오톡은 한국에서 사실상 표준 게이트웨이 역할을 하는 플랫폼이다. 한국 스마트폰 이용자의 거의 전부가 카카오톡을 사용할 정도로 압도적인 도달률을 자랑하며 모바일 메신저 시장에서 95% 이상의 이용률을 차지하고 있다. 이는 AI 쇼핑 에이전트를 탑재하기에 최적의 출발점이 카카오톡임을 의미한다.

사용자는 별도 앱이나 웹사이트를 찾지 않고도 매일 쓰는 카카오톡 안에서 자연스럽게 AI 에이전트를 접속할 수 있다. 앞에서 살펴본 퍼플렉시티나 챗GPT의 사례처럼 이제 사용자들은 여러 쇼핑 사이트를 번갈아 검색하며 상품을 비교하는 대신 대화형 AI 에이전트에게 상품 추천을 요청하는 방식으로 쇼핑 경험이 변화할 것이다.

애플도 이러한 트렌드를 인식하고 시리에 챗GPT를 통합하는 전략을 발표했다. iOS 18에서 시리는 사용자의 요청에 따라 챗GPT의 도움을 받아 사진 속 정보를 분석하거나 궁금한 것을 답변해준다.

이는 사용자가 더 이상 직접 검색하지 않고 AI 비서가 알아서 맞춤 정보를 제공하는 시대가 도래했음을 보여준다. 검색창에 키워드를 입력하던 과거 방식이 대화형 에이전트의 추천으로 대체되는 것이다.

카카오톡은 메신저라는 일상생활 플랫폼 위에 쇼핑, 결제, 선물 등 다양한 서비스가 결합된 슈퍼 앱으로 진화해왔다. 카카오톡에서 제공하는 '쇼핑하기'와 '선물하기' 기능은 이미 전자상거래 영역에 진출한 사례이지만 기존 이커머스 강자인 네이버쇼핑이나 쿠팡에 비해 그 존재감은 미미했다. 하지만 역설적으로 이 점이 AI 쇼핑 에이전트 시대에는 오히려 카카오의 강점으로 작용할 수 있다.

지금까지 카카오는 특정 쇼핑몰의 상품만 제공하는 폐쇄적 쇼핑 플랫폼을 구축하는 데 집중하지 않았기 때문에 오히려 모든 쇼핑몰과 상품을 아우르는 개방형 AI 쇼핑 에이전트로 더 자연스럽게 전환할 수 있는 위치에 있다. 기존 온라인 쇼핑에서 주목받지 못한 것이 미래 쇼핑 에이전트로 전환하는 데 더 유리한 출발점이 될 수 있는 것이다.

네이버가 자사 검색 결과와 쇼핑 데이터에 묶여 있고 쿠팡이 자체 앱 내 상품에만 국한되는 반면 카카오톡의 AI 에이전트는 여러 외부 쇼핑 채널을 아우를 수 있다. 이러한 유연성은 사용자들에게 진정한 가치를 제공할 수 있는 핵심 경쟁력이 될 것이다.

앞에서 살펴본 챗GPT가 다나와의 제품 스펙, 네이버쇼핑의 가격, 아마존 리뷰 등 모든 채널의 정보를 총망라해 종합적인 추천을 제공하듯이 카카오톡 에이전트도 특정 쇼핑몰에 얽매이지 않고 최고의 제품과 정보를 가져와 사용자에게 제시할 수 있다. 이는 사용자 경험 측면에서 기존 폐쇄적 쇼핑 플랫폼보다 훨씬 매력적인 제안이 될 수 있다.

앞에서 살펴본 PSA 시나리오처럼 카카오톡의 AI 에이전트도 다나와의 제품 스펙, 네이버쇼핑의 가격 정보, 아마존의 해외 리뷰까지 종합적으로 분석해 사용자의 맥락에 맞게 재해석하고 가공할 수 있다. 이는 곧 카카오톡 에이전트가 특정 쇼핑몰에 얽매이지 않고 최고의 제품과 정보를 가져와 이용자에게 제시할 수 있음을 의미한다.

카카오톡은 사용자들의 체류 시간이 길고 하루에 여러 번 열리는 앱인 만큼 AI 에이전트가 사용자를 가장 많이 만나는 공간이 될 수 있다. 이러한 측면에서 카카오톡은 AI 쇼핑 시대의 최강 게이트웨이로 작동할 잠재력을 지니고 있다.

## 카카오의 컨텍스트 이해 능력: 대화 데이터의 가치

AI 쇼핑 에이전트 시대에는 과거의 구매 기록뿐만 아니라 현재의 관심사와 맥락이 무엇보다 중요하다. 카카오는 다양한 플랫폼에서 축적한 사용자 데이터를 통해 경쟁사보다 풍부한 컨텍스트를 이해할 수 있는 위치에 있다.

대표적으로 카카오톡에서 나누는 일상 대화에는 사용자의 취향, 계획, 필요에 대한 힌트가 숨어 있다. 예를 들어 사용자들이 카카오톡에서 "주말에 캠핑가자."라는 대화를 나누었다면 AI 에이전트는 이를 감지해 캠핑용품 추천이나 날씨 정보 제공 등의 맞춤형 쇼핑 지원을 할 수 있다.

또한 카카오톡의 오픈 채팅방은 특정 취미나 관심사별로 사람들이 모이는 공간인데 사용자가 참여한 공개 채팅방 주제만 보더라도 현재 관심사를 파악할 수 있다. 카카오스토리와 같은 SNS 서비스에서도 사용자의 라이프스타일과 선호 브랜드, 취향을 엿볼 수 있는 단서들이 나온다. 이러한 다층적 데이터 소스를 가진 카카오는 AI를 통해 사용자 맥락을 입체적으로 파악할 수 있다.

- 카카오톡 대화 내용: 사용자가 친구들과 주고받는 메시지에서 제품에 대한 언급, 계획된 이벤트(여행, 이사 등), 선호하는 스타일 등 분석 가능
- 오픈 채팅 및 커뮤니티: 사용자가 가입한 채팅방의 주제(예: 반려동물, 골프, 육아 등)와 채팅 내 발언을 통해 관심 분야와 현재 필요를 파악
- 소셜 피드 데이터: 카카오스토리 게시물, '좋아요' 및 댓글을 통해 선호하는 상품 유형이나 라이프스타일 정보 획득

이러한 컨텍스트 데이터는 시시각각 변하는 사용자의 필요를 읽어내는 열쇠다. 기존 이커머스가 과거 구매 이력이나 검색 기록에 의존했다면 카카오는 현재진행형의 대화 맥락과 사회적 맥락까지 고려해 한층 정교한 개인화 추천을 제공할 수 있다.

11장에서 살펴본 퍼플렉시티나 PSA와 같은 시스템들도 사용자의 관심사와 맥락을 파악하기 위해 노력하지만 카카오톡이 보유한 데이터의 깊이와 폭에는 미치지 못한다. 카카오톡은 사용자의 일상 대화와 소통 패턴, 관계망, 관심사 등을 종합적으로 분석할 수 있는 고유한 데이터 세트를 보유하고 있다.

결국 AI 쇼핑 시대에 중요한 것은 "지금 이 순간 이 사용자가 무엇을 원하고 무엇을 필요로 하는가?"를 이해하는 능력이며 카카오는

방대한 데이터로 그 해답에 가까이 다가갈 수 있다. 또한 카카오는 자체 AI 모델을 활용해 이러한 컨텍스트 분석 능력을 강화하고 있다. 카카오가 공개한 AI 비전에서 강조하듯이 카카오의 강점은 '관계 연결'에 있고 다양한 대화와 관계를 통해 얻은 맥락과 감정까지 고려하는 개인화 AI를 지향하고 있다.

실제로 카카오는 그룹 채팅에서 오간 대화를 기억하고 요약해 맥락을 놓치지 않는 AI 비서를 선보였는데 이는 사용자의 현재 관심사를 실시간으로 추적해 반영하는 기술이다. 과거 구매 기록만으로는 포착할 수 없는 실시간 맥락을 이해하는 것이 카카오 AI의 목표이며 이는 쇼핑 에이전트의 추천 품질을 한층 더 높여줄 것이다.

## 카카오의 AI 전략:
## AI 오케스트레이션 전략

카카오는 독자적인 초대규모 언어 모델인 '카나나(Kanana)' 개발에 착수하면서도 AI 모델 자체의 경쟁보다 자사 플랫폼을 AI 허브로 활용하는 전략을 취하고 있다. 즉 최고의 AI 기술을 내재화하기보다 외부의 최강 AI와 연동해 게이트웨이 서비스에 녹여내는 AI 오케스트레이션 전략이다. 이를 잘 보여주는 사례가 오픈AI와의 협력이다. 2025년 초 카카오는 오픈AI와 전략적 제휴를 맺고 한국 시장에 특화된 AI 서비스를 함께 개발한다고 발표했다. 카카오는 "챗GPT 개발사가 만든 최신 AI 기술을 자사 서비스에 활용할 것"이라고 밝혔는데 이는 자사 AI인 카나나와 함께 오픈AI의 GPT-4 등의 능력을 조합하겠다는 의미다.

다시 말해 카카오는 플랫폼과 데이터를 제공하고 오픈AI는 최첨단 AI 엔진을 제공해 서로의 강점을 결합하는 노선을 택했다. 이는 앞에서 살펴본 네이버의 접근법과 상당히 다른 전략이다. 네이버가 자체 초거대 언어 모델인 하이퍼클로바X를 전면에 내세우는 독자 노선을 택했다면 카카오는 외부 최고 기술과의 협력을 통해 빠르게 서비스를 고도화하는 길을 선택한 것이다.

이 협력의 구체적인 결과물 중 하나가 챗GPT 오퍼레이터(Operator) 기능을 통한 카카오톡 선물하기 연동이다. 오픈AI는 챗GPT의 AI 비서 기능인 오퍼레이터를 한국에 출시하면서 카카오톡 선물하기와 야놀자 예약 서비스를 연결할 예정이다. 그 결과 사용자는 챗GPT에게 대화로 "친구에게 카카오톡으로 선물 보내줘."라고 요청하면 AI 비서가 알아서 카카오톡 선물하기 웹에 접속해 적절한 상품을 검색해 추천하고 구매 절차까지 도와준다.

실제 시연 화면을 보면 챗GPT의 인터페이스 안에서 카카오톡 선물하기 웹페이지가 열리고 사용자를 대신해 상품을 찾아주는 모습을 볼 수 있다. 이는 카카오톡이 타사 AI와도 손잡고 자사 커머스 기능을 확장하는 좋은 사례다.

카카오 관계자에 따르면 챗GPT 오퍼레이터 기능이 북미 외 지역으로 확대됨에 따라 카카오톡 선물하기 기능이 연동되었다고 한다. 이를 통해 챗GPT 프로 사용자들은 AI 비서를 시켜 카카오톡에서 선물을 보내거나 야놀자에서 숙소 예약을 자동으로 처리할 수 있게 되었다. 복잡한 절차를 AI가 대행함으로써 사용자 편의성이 획기적으로 높아진 것이다.

이처럼 카카오는 외부 최고 AI와의 제휴를 통해 자사 플랫폼을 AI 기능의 집합체로 만들어간다는 전략이다. 자체 초대규모 언어 모델인 카나나도 개발 중이지만 카카오의 궁극적인 지향점은 자신들의 게이트웨이를 AI 기능으로 꽉 채우는 것이다. 마치 앱스토어에 여러 개발자의 앱을 모아 생태계를 키운 것처럼 카카오톡이라는 생활 플랫폼에 다양한 AI 서비스를 통합하는 전략으로 볼 수 있다.

카카오는 이러한 전략을 통해 빠르게 변화하는 AI 기술을 유연하게 수용하면서도 자사 플랫폼 영향력을 극대화하고 있다. 즉 최고의 AI 기술을 직접 모두 만들지 않아도 최고의 AI들을 카카오 생태계에 편입시킴으로써 사용자들에게 최상의 경험을 제공하고 핵심 게이트웨이로 남겠다는 것이다.

## 애플과의 전략적 유사성:
## 플랫폼 중심의 AI 통합

카카오의 전략은 애플의 행보와 궤를 함께한다. 애플은 자체 초대규모 언어 모델을 공개하지 않았지만 iOS 생태계의 중심인 시리를 통한 AI 협력 모델을 구축하고 있다. 앞에서 언급했듯이 애플은 시리에 챗GPT의 능력을 결합해 사용자가 원하면 시리가 질문을 챗GPT로 보내 답을 얻거나 작업을 수행하게 만들었다.

결국 중요한 것은 자체 모델의 성능 경쟁이 아니라 사용자 접점에서 AI를 얼마나 잘 활용하느냐다. 시리가 아이폰(iPhone) 사용자들의 게이트웨이로서 역할을 굳건히 하는 한 그 뒤의 엔진이 오픈AI든 다른 기업이든 큰 문제는 아니다.

마찬가지로 카카오는 카카오톡이라는 압도적 플랫폼 파워를 가지고 있어 자체 AI 기술이 다소 늦더라도 오픈AI 등과의 협력을 통해 서비스 경쟁력을 충분히 확보할 수 있다. 실제로 오픈AI의 샘 알트만 CEO는 "우리는 특히 메시징에서의 AI에 관심이 많다."라며 카카오와의 협업이 한국 시장 공략의 핵심임을 시사했다.

즉 플랫폼을 손에 쥔 기업이 AI 시대의 승자가 될 것이라는 점에서 애플과 카카오는 전략적으로 일맥상통한다. 애플이 아이폰과 iOS라는 게이트웨이를 통해 AI 생태계를 주도하려고 하듯이 카카오는 카카오톡과 자사 서비스 모음을 기반으로 한국의 AI 쇼핑 생태계를 지배하려는 것이다.

게이트웨이를 장악한 플랫폼이 최종 승자가 될 가능성이 크다는 교훈을 애플의 사례가 보여주고 있고 카카오도 같은 길을 걷고 있다. 9장에서 살펴본 온디바이스 AI 전쟁에서도 하드웨어와 소프트웨어를 통합·관리하는 애플의 장점이 드러났듯이 플랫폼 통합력은 AI 시대에 더 중요한 경쟁력이 될 것이다.

## 카카오의 AI 쇼핑
## 에이전트 실현 가능성

카카오가 AI 쇼핑 에이전트를 구현할 경우 어떤 모습으로 구현될 수 있을까? 11장에서 살펴본 PSA 시나리오를 카카오톡 환경에 적용하면 다음과 같은 사용자 경험을 상상할 수 있다.

사용자인 유라가 카카오톡에서 친구와 주말 데이트에 대한 대화를 나누고 있다. 대화 중에 "이번 주말 데이트에 뭘 입을지 고민이야."라고 메시지를 보내자 카카오 AI 쇼핑 에이전트가 추천을 제안한다.

> 이번 주말 데이트에 뭘 입을지 고민이야. 토요일 저녁 강남 이탈리안 레스토랑에 가기로 했거든.
>
> 안녕하세요, 유라 님. 주말 데이트에 입으실 옷을 추천해드릴까요?
>
> 응, 부탁해. 예산은 20만 원 정도 생각하고 있어.
>
> 알겠습니다. 유라 님의 스타일 선호도, 최근 구매 이력, 약속 장소 분위기를 고려해 최적의 원피스를 찾아보겠습니다.

이후 AI는 유라의 카카오 서비스 이용 데이터를 종합적으로 분석한다. 최근 유라가 본 카카오 스타일 상품, '좋아요'를 누른 카카오스토리 패션 게시물, 참여 중인 패션 관련 오픈 채팅방 내용, 그리고 친구와 주고받은 메시지의 맥락까지 고려해 유라의 취향과 현재 상황에 맞는 원피스를 추천한다.

> 유라 님, 분석 결과 세 가지 옵션을 추천드립니다.
> 1. 네이비 컬러 미디 길이 랩 드레스
> 최근 유라 님이 관심을 보이신 브랜드의 신상품입니다. 레스토랑 분위기와 잘 어울립니다.
> 2. 파스텔 톤 플로럴 프린트 원피스
> 지난주 카카오스토리에서 '좋아요'를 누르신 스타일과 비슷합니다.
> 3. 클래식한 리틀 블랙 드레스
> 다양한 액세서리와 매치하기 좋아 활용도가 높습니다.
>
> 두 번째 옵션이 마음에 드네. 더 자세히 설명해줄래?
>
> 네, 이 원피스는 부드러운 실크 소재로 제작되었고 허리 라인의 플리츠 디테일이 체형을 아름답게 살려줍니다. 그리고 지난달 유라 님이 카카오톡 선물하기에서 구매하신 베이지 컬러 샌들과 잘 어울릴 것 같습니다. 현재 온라인 쇼핑몰에서 15% 할인 중이어서 17만8천 원에 구매 가능합니다. 주문하시면 내일까지 배송 가능합니다.
>
> 좋아 보이네! 그럼 그걸로 주문해줘.
>
> 네, 주문을 진행하겠습니다. 결제는 유라 님이 자주 사용하시는 카카오페이로 진행할까요? 5% 추가 할인이 적용됩니다.
>
> 응, 그렇게 해줘.
>
> 주문이 완료되었습니다. 배송 현황을 실시간으로 알려드리겠습니다. 그리고 이 원피스에 어울리는 액세서리와 메이크업 팁도 제안해드릴까요?

이러한 시나리오는 단순한 상상이 아니라 카카오가 현재 보유한 기술과 데이터를 통해 충분히 구현 가능한 서비스다. 카카오톡의 대화 데이터, 카카오페이 결제 내역, 카카오 스타일 쇼핑 기록, 카카오스토리의 관심사 데이터 등을 종합하면 위와 같은 개인화된 쇼핑 경험을 제공할 수 있다.

특히 주목할 점은 이러한 에이전트가 사용자의 일상 대화 속에서 자연스럽게 쇼핑 기회를 포착해 사용자가 명시적으로 요청하지 않아도 적절한 추천을 제안할 수 있다는 것이다. 이는 챗GPT나 퍼플렉시티와 같은 AI 에이전트가 사용자의 의도를 적극적으로 파악해 선제적인 서비스를 제공하는 방식과 비슷하지만 카카오톡이라는 일상 대화 채널을 통해 더 자연스럽게 구현될 수 있다.

## AI 쇼핑 에이전트로서의 카카오 경쟁력 분석

카카오가 AI 쇼핑 에이전트 시장에서 경쟁력을 갖출 수 있는 이유를 더 구체적으로 살펴보자. 카카오는 다음과 같은 측면에서 네이버, 쿠팡과 차별화된 강점이 있다.

첫째, 메시징 기반 인터페이스의 친숙성이다. 사람들은 카카오톡에서 대화를 나누는 데 이미 익숙해 대화형 쇼핑 에이전트를 사용하는 데 별도의 학습곡선이 필요 없다. 반면 네이버는 검색 기반 인터페이스, 쿠팡은 상품 탐색 중심 인터페이스를 주로 사용해왔기 때문에 대화형 에이전트로의 전환이 사용자에게 새로운 경험이 될 수 있다.

둘째, 소셜네트워크 효과를 활용할 수 있다. 카카오톡은 단순한 메시징 앱을 넘어 사회적 관계망을 형성하는 플랫폼이다. 사용자들은 친구, 가족, 동료와의 그룹 채팅을 통해 관심사를 공유하고 추천을 주고받는다. AI 쇼핑 에이전트는 이러한 소셜네트워크 데이터를 활용해 개인 맞춤형 추천을 넘어 사회적 맥락까지 고려한 추천을 제공할 수 있다.

셋째, 멀티모달 데이터 처리 능력이다. 카카오톡에서는 텍스트뿐만 아니라 이미지, 동영상, 음성 메시지 등 다양한 형태의 커뮤니케이션이 이루어진다. 카카오의 AI는 이러한 멀티모달 데이터를 이해하고 처리할 수 있는 기술을 개발하고 있다. 이를 통해 사용자가 "이것과 비슷한 옷을 찾아줘."라며 이미지를 보내거나 음성으로 요청할 때도 정확히 대응할 수 있다.

넷째, 결제 및 금융 서비스와의 연계다. 카카오페이를 통해 카카오는 이미 강력한 결제 인프라를 구축하고 있다. 여기에 카카오뱅크까지 더해져 금융 생태계를 형성하고 있다. AI 쇼핑 에이전트가 추천한 상품을 카카오페이로 원활히 결제하고 필요할 때 카카오뱅크의 금융 서비스(할부, 대출 등)까지 연계할 수 있는 통합 경험을 제공할 수 있다.

다섯째, 하이브리드 AI 아키텍처의 활용이다. 카카오는 자체 개발 중인 '카나나' 모델과 함께 오픈AI의 GPT 모델을 병행 활용하는 하이브리드 전략을 취하고 있다. 이는 각 모델의 강점을 조합해 최적의 성능을 도출하는 접근법이다. 예를 들어 일상 대화와 맥락 이해는 한국어에 특화된 카나나가 담당하고 깊이 있는 상품 분석과 추천은 GPT의 전문성을 활용하는 방식이다.

이러한 다양한 강점을 바탕으로 카카오는 기존 이커머스 플랫폼들과 차별화된 AI 쇼핑 에이전트를 구축할 수 있다. 특히 사용자 컨텍스트의 깊이 있는 이해와 일상생활에 자연스럽게 녹아드는 쇼핑 경험을 제공한다는 점에서 독보적인 위치를 차지할 가능성이 크다.

# 네이버와 쿠팡의 대응 과제

AI 쇼핑 에이전트 시대에 카카오가 가장 강력한 쇼핑 플랫폼으로 부상할 가능성이 커지는 상황에서 네이버와 쿠팡은 어떻게 대응해야 할까?

## 네이버의 대응 전략

네이버는 자체 개발한 하이퍼클로바X를 통해 현재 검색 혁신을 시도 중이지만 GPT-4와의 성능 격차로 인해 경쟁력이 부족한 상황이다. 4장에서 살펴본 것처럼 하이퍼클로바X는 GPT-4o와 비교했을 때 성능 면에서 상당한 격차를 보인다. 특히 수학 능력 평가(MATH 테스트)에서 하이퍼클로바X(20.16점)와 GPT-4o(76.6점) 간 3.8배 차이는 AI 성능의 근본적 격차를 드러낸다.

그동안 미국 중심의 GPU 확보 경쟁과 막대한 학습 비용은 네이버에게 큰 장벽으로 작용해왔다. 하지만 중국 스타트업 딥시크(DeepSeek)의 등장은 적은 비용으로도 선발 주자를 추격할 가능성을 보여주었다. 네이버도 이러한 딥시크 전략을 채택하면 더 빠르고 효율적으로 자체적인 초대규모 언어 모델을 개발할 수 있을 것이다. 네이버는 딥시크 기반의 초대규모 언어 모델 개발을 적극적으로 추진해 하이퍼클로바X의 성능을 끌어올리고 AI 쇼핑 에이전트 경쟁에서 살아남아야 한다.

또한 네이버는 자체적인 초대규모 언어 모델만 고집하기보다 외부 AI 모델(예: 구글의 제미나이나 오픈AI의 GPT)과 협력하는 방안도 고려해야 한다. 오픈AI, 앤스로픽 등의 선도 기업과 전략적 제휴를 맺고 네이버만의 방대한 데이터와 서비스를 결합하면 기술 격차를 극복하고 차별화된 경쟁력을 확보할 수 있다. 실제로 네이버 최수연 대표도 "후발 주자가 적은 비용으로 앞선 주자를 추격할 가능성을 보여줘 긍정적"이라며 외부 초대규모 언어 모델과의 협업 가능성을 열어둔 적이 있다. 네이버는 그동안 쌓아온 방대한 쇼핑 데이터와 지식 그래프 중심의 '큐' 같은 대화형 인터페이스를 더 강화하고 사용자 접점을 확대하는 전략도 병행해야 할 것이다.

## 쿠팡의 대응 전략

쿠팡은 지금까지 AI 도입에 소극적인 태도를 보여왔다. 이는 AI가 잘못된 추천을 하면 소비자 신뢰가 무너질 수 있다는 우려 때문이었다. 실제로 쿠팡은 오픈AI의 쇼핑 에이전트가 자사 웹사이트에 접근하지 못하도록 차단하는 등 데이터 유출 등에 민감하게 대응해왔다. 이러한 행보는 쿠팡이 외부 AI 활용에 신중했음을 보여준다.

하지만 이제 AI 도입을 더 이상 미룰 수 없는 상황이다. 쇼핑 에이전트가 새로운 표준으로 자리 잡으면 쿠팡의 기존 폐쇄적 생태계는 오히려 약점이 될 가능성이 크다. 소비자들이 더 이상 쿠팡 앱이나 웹에 직접 방문하지 않고도 AI 에이전트를 통해 상품을 구매한다면 쿠팡의 현재 플랫폼 전략은 힘을 잃을 수 있다.

쿠팡은 신속히 초대규모 언어 모델과 협력해 자체 쇼핑 에이전트를 개발하거나 외부의 초대규모 언어 모델을 도입해 서비스를 시작해야 한다. 아마존이 생성형 AI 쇼핑 비서인 루퍼스를 이미 선보였듯이 쿠팡도 머뭇거릴 시간이 없다. 업계에서도 쿠팡이 머지않아 자체 에이전트 기능을 준비할 것으로 보고 있다.

특히 쿠팡의 강점인 로켓배송을 AI와 결합해 "오늘 저녁 파티에 입을 드레스가 필요해."와 같은 긴급한 쇼핑 요청에도 즉시 대응할 수 있는 시스템을 구축해야 한다. 즉시 배송이 가능한 상품을 AI 에이전트가 추천하고 주문까지 대행해준다면 쿠팡의 초고속 배송 인프라는 AI 시대에도 강력한 무기가 될 것이다.

아울러 자사 플랫폼을 외부 AI 에이전트에게 개방하는 방안도 고려해야 한다. 오픈 API를 통해 재고, 가격, 상품 정보를 구조화된 형태로 제공하면 다양한 AI 에이전트가 쿠팡의 상품을 쉽게 검색하고 추천할 수 있다. 자체 AI 비서를 갖추지 못한 기업들도 AI와 소통할 수 있는 데이터 구조를 갖추는 것이 시급하다는 지적이 있으며 쿠팡도 이러한 열린 생태계 전략으로 AI 시대의 쇼핑 허브로 남아야 할 것이다.

앞으로 카카오가 AI 쇼핑 혁명에서 어떤 성과를 거둘지는 여전히 미지수다. 하지만 게이트웨이 경쟁력과 컨텍스트 장악력을 갖춘 플랫폼이 AI 쇼핑 시장을 주도할 것이라는 전망은 점점 현실이 되고 있다.

결국 사용자와 가장 가까운 곳에서 사용자를 가장 잘 아는 기업이 승리할 것이며 한국 시장에서는 카카오가 그 주인공이 될 가능성이 크다. AI 쇼핑 혁명은 이미 시작되었고 이제 카카오가 보여줄 행보를 주목해야 할 시점이다.

제5부

# 휴머노이드 로봇 혁명

앞에서 우리는 생성형 AI가 커머스 산업을 어떻게 변화시킬지 살펴보았다. AI 쇼핑 에이전트의 등장으로 소비자들의 구매 방식이 근본적으로 바뀌고 기존 플랫폼 커머스의 질서가 재편될 것임을 확인했다.

이제는 물류 산업의 변화를 살펴볼 차례다. 온라인 쇼핑이 늘어날수록 물류의 중요성은 더 커지고 있다. 그러나 현재 물류 산업은 심각한 인력 부족과 비용 상승이라는 문제에 직면해 있다. 전 세계적으로 물류센터 작업자와 배송 인력을 구하기가 갈수록 어려워지고 있으며 인건비 상승으로 물류비용도 계속 증가하고 있다.

이러한 문제를 해결할 핵심 열쇠가 바로 휴머노이드 로봇이다. 생성형 AI의 발전으로 이제는 로봇이 사람처럼 걷고 물건을 집어 옮기고 포장하는 것이 가능해졌다. 물류센터에서 24시간 쉬지 않고 상품을 분류하고 고객의 집 앞까지 직접 배달하는 로봇 시대가 열리고 있는 것이다.

지금부터 이러한 혁신적 변화를 구체적으로 살펴보자. 테슬라(Tesla), 피겨 AI(Figure AI), 앱트로닉(Apptronik) 등 주요 기업의 최신 로봇 기술과 이들이 물류 산업의 판도를 어떻게 바꿔놓을지 자세히 분석해보겠다.

제13장

생성형 AI가 가져온
로봇 혁명

## 휴머노이드 로봇들의 등장: 상상을 뛰어넘는 현실

휴머노이드 로봇의 발전 속도는 가히 놀랍다. 테슬라의 '옵티머스'는 불과 1년 반 만에 달걀을 다루고 옷을 개는 수준에 이르렀다. 11개 자유도를 가진 손가락으로 피아노를 치고 스스로 실수를 고치며 환경을 인식한다. 이미 테슬라 공장에서 일하고 있으며 앞으로 2년~4년 안에 2만 달러로 구매할 수 있을 거라고 한다.

피겨 AI의 '피겨'는 더 놀랍다. 설립 직후 첫 모델을 내놓더니 7개월 만에 2세대 모델을 선보였다. 이 로봇은 자연스러운 대화와 함께 환경을 인식하고 적절히 대응한다. "먹을 것을 줘."라는 명령에 사과를 골라 주고 철판을 정확히 맞추지 못하면 스스로 교정한다. 오픈AI, 제프 베조스, 마이크로소프트, 엔비디아 등 거물들이 6억7,500만 달러를 투자했다는 사실은 이 로봇의 잠재력을 보여준다.

앱트로닉의 '아폴로'는 이미 실제 산업 현장에서 활약 중이다. 메르세데스-벤츠 공장에서 조립 키트를 전달하고 자동차 부품을 검

🔍 달걀을 집어 옮기는 테슬라의 옵티머스 2

출처: 테슬라

🔍 사람에게 사과를 건네주는 피겨

출처: 피겨 AI

사하는 등 복잡한 작업을 수행하고 있다. 나사(NASA)의 발키리 프로젝트에서 시작된 아폴로는 인간과의 협업을 위해 특별히 설계되었으며 안전성과 대량 생산 가능성을 모두 갖추고 있다.

**토트를 터거 카트로 옮기는 아폴로**

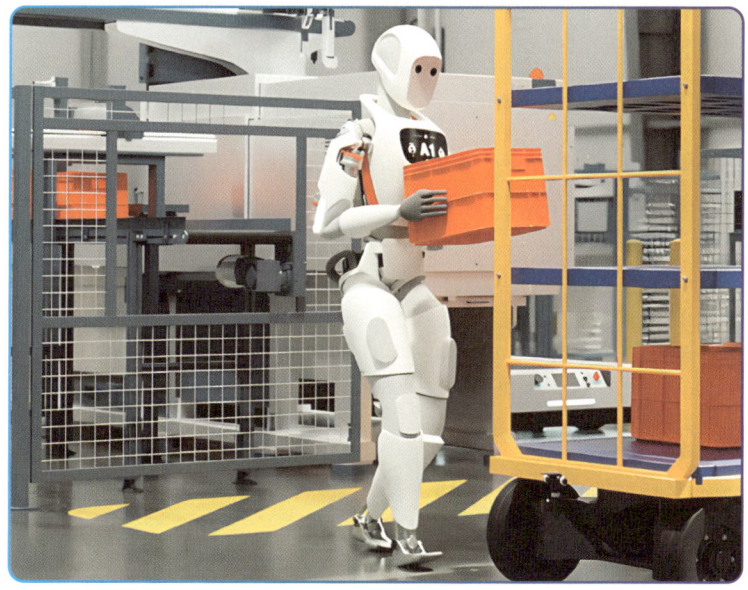

출처: 앱트로닉

현재 이 로봇들은 공장, 물류센터, 연구소 등에서 활약하고 있다. 테슬라의 옵티머스는 자사 공장에서 부품을 옮기고 조립하는 작업을 돕고 있으며 아폴로는 자동차 제조 라인에서 인간 근로자와 협업하고 있다. 아마존 물류센터에서는 어질리티 로보틱스(Agility Robotics)의 디짓(Digit)이 상자를 나르고 분류하는 작업을 수행하고 있다. 이러한 활용 사례들은 휴머노이드 로봇이 더 이상 먼 미래의 이야기가 아님을 보여준다.

## 휴머노이드 로봇 혁명의 비밀: 생성형 AI의 힘

그동안 휴머노이드 로봇을 개발하는 것은 엄청나게 힘든 일이었다. 인간의 복잡한 동작을 모방하고 다양한 환경에 적응하며 섬세한 작업을 수행할 수 있는 로봇을 만드는 것은 과학자들과 엔지니어들에게 거의 불가능에 가까운 도전이었다. 수십 년간의 연구와 막대한 투자에도 불구하고 실용적이고 효율적인 휴머노이드 로봇의 개발은 늘 곧 실현될 미래 이야기로만 여겨졌다. 이러한 어려움은 물류센터용 휴머노이드 로봇 개발을 예로 들면 더 분명해진다. 물류센터용 로봇을 개발한다고 가정해보자. 이러한 로봇을 개발하는 데는 여러 가지 난관이 있었다.

첫째, 환경의 복잡성이다. 물류센터는 수많은 종류의 상품, 다양한 크기와 모양의 상자들, 그리고 끊임없이 변화하는 레이아웃을 가지고 있다. 로봇이 이러한 복잡한 환경을 이해하고 내비게이션하는 것은 매우 어려운 과제였다.

둘째, 물체 인식과 조작의 어려움이다. 각기 다른 형태, 크기, 무게를 가진 상품들을 정확히 인식하고 적절한 힘으로 집어올리는 것은 고도의 시각 처리 능력과 정교한 제어 기술을 필요로 했다.

셋째, 유연성과 적응력의 부족이다. 기존 로봇들은 미리 프로그램된 작업만 수행할 수 있었다. 예측하지 못한 상황이 발생하면 대응하지 못하는 경우가 많았다.

넷째, 인간과의 협업 문제다. 물류센터에는 여전히 많은 인간 작업자들이 있다. 로봇이 이들과 안전하게 협업하면서 효율적으로 작업을 수행하는 것은 큰 도전이었다.

마지막으로 지속적인 학습의 어려움이다. 새로운 상품이 들어오거나 작업 방식이 변경될 때마다 로봇을 재프로그래밍해야 했다. 이는 시간과 비용이 많이 드는 과정이었다.

이러한 난관들 때문에 실용적인 휴머노이드 로봇의 개발은 계속 지연되었다. 하지만 최근 생성형 AI의 도입으로 이러한 문제점들이 해결되기 시작했다. 엔비디아의 그루트(GR00T: Generalist Robot 00 Technology) 플랫폼을 사례로 살펴보면 생성형 AI가 어떻게 로봇 개발에 활용되는지 알 수 있다.

그루트는 대규모 비전 모델(LVM)을 활용해 로봇이 거의 모든 종류의 물체를 인식하고 분류할 수 있게 한다. 이를 통해 복잡한 물류센터 환경에서도 로봇이 다양한 물체를 정확히 인식하고 처리할 수 있게 되었다.

또한 그루트는 엔드 투 엔드(End-to-End) 학습 방식을 도입했다. 이는 복잡한 작업 전 과정을 AI가 자동으로 최적화한다는 의미다. 개발자가 일일이 프로그래밍할 필요가 없어졌고 로봇은 스스로 학습하고 새로운 상황에 신속히 적응할 수 있게 되었다.

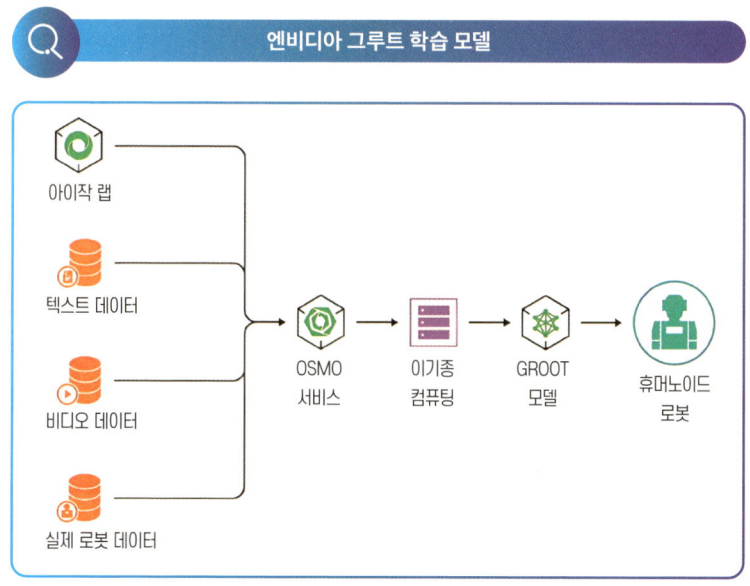

출처: 엔비디아

그루트의 또 다른 강점은 시뮬레이션 학습이다. 엔비디아의 아이작 심(Isaac Sim)을 활용해 디지털 트윈 가상 환경에서 수천 대의 가상 로봇을 만들어 수천수만 번의 시뮬레이션을 통해 학습할 수 있다. 이는 실제 환경에서의 위험과 비용을 크게 줄여주면서도 로봇의 학습 속도를 폭발적으로 향상시킨다.

더욱이 엔비디아는 로봇 개발용 종합적인 하드웨어 및 소프트웨어를 통합해 로봇 제너레이션 파운데이션 플랫폼을 제공한다. 휴머노이드 로봇 개발이 필요한 기업들은 엔비디아 그루트에서 자신만의 로봇을 신속하고 효율적으로 개발할 수 있게 되었다. 이러한 생성형 AI의 도입으로 인해 테슬라의 옵티머스, 피겨 AI의 피겨, 앱트로닉의 아폴로 등 최근의 휴머노이드 로봇들은 1년도 채 안 되는 짧은 기간에 새로운 모델을 개발할 수 있게 되었다.

이처럼 생성형 AI는 휴머노이드 로봇 개발 속도를 획기적으로 높이고 로봇의 능력을 비약적으로 향상시키고 있다. 이는 휴머노이드 로봇의 실용화와 대중화를 앞당기는 핵심 동력이 되고 있다.

디지털 트윈에서 로봇을 학습시키는 엔비디아 아이작 심 Lab

출처: 엔비디아

## 산업 현장의 혁명

산업 현장, 특히 공장과 물류센터는 휴머노이드 로봇 도입의 최전선이 되고 있다. 공장에서는 이미 여러 형태의 로봇들이 활용되고 있다. 예를 들어 테슬라의 옵티머스는 자사 공장에서 부품을 옮기고 조립하는 작업을 돕고 있다. 앱트로닉의 아폴로는 메르세데스-벤츠 생산 라인에서 더 진보된 모습을 보여주고 있다. 아폴로는 인간 근로자와 협업하며 조립 키트를 전달하고 차량 구성 요소를 검사하는 업무를 수행한다. 이 로봇은 고도의 시각적 인식 능력을 바탕으로 다양한 자동차 부품을 식별하고 품질 관리 과정에서 중요한 역할을 한다.

물류센터는 대규모 상품을 처리하는 데 다수 인력이 필요하며 그 운영 방식은 여전히 노동집약적 형태로 남아 있다. 국내 물류센터의 자동화율은 50% 미만으로 하루 수천 명의 인력이 투입되는 것이 일반적이다. 또한 전 세계적으로 고령화와 노동력 부족이 심해지면서 노동력 부족과 인건비 상승문제를 해결할 방안이 필요하다.

### 아마존 물류센터에 배치된 어질리티 로보틱스 디짓

출처: 아마존

현재 물류 현장에서는 어질리티 로보틱스의 디짓이 주목받고 있다. 현재 디짓은 아마존 물류센터에서 실제 업무를 수행 중이다. 디짓은 자율 이동 로봇(AMR)에서 물품을 집어 컨베이어 벨트에 올리는 작업을 담당한다. 디짓의 유연한 팔과 정교한 그리퍼는 다양한 크기와 모양의 상자를 안전하게 다룰 수 있다. 또한 내장된 AI 시스템은 작업 환경의 변화를 실시간으로 감지하고 대응할 수 있어 예상하지 못한 상황에서도 효율적으로 작업을 수행한다.

만약 테슬라의 옵티머스나 앱트로닉의 아폴로가 물류 현장에 적용된다면 현재 디짓이 못하는 더 복잡하고 섬세한 작업까지 가능해질 것이다. 예를 들어 옵티머스의 정교한 손가락 움직임은 작은 부품이나 깨지기 쉬운 물건을 다루는 데 활용될 수 있다. 아폴로의 고급 시각 처리 능력은 복잡한 포장 작업이나 품질 검사에 적용될 수 있을 것이다.

## 가정의 변화:
## 가사노동에서의 해방이 가능할까?

가정용 휴머노이드 로봇 개발도 빠르게 진행 중이다. 구글의 알로하(Aloha) 프로젝트는 요리, 청소, 빨래 등 일상적인 가사 업무를 수행할 수 있는 로봇을 개발 중이다. 알로하는 달걀 프라이를 만들고 진공청소기를 사용해 바닥을 청소하고 세탁기에 옷을 넣고 돌린 후 건조된 옷을 개어 정리할 수 있다. 이 로봇의 특징은 단순히 프로그램된 작업만 수행하는 것이 아니라 상황에 맞게 유연하게 대응할 수 있다는 것이다. 예를 들어 요리 도중 재료가 부족하면 사용자에게 알려 주거나 청소하다가 발견된 물건을 적절한 위치에 정리할 수 있다.

테슬라의 옵티머스도 가정용 애플리케이션을 목표로 하고 있다. 일론 머스크는 옵티머스가 향후 식사 준비, 잔디 깎기, 노인 돌봄 등의 작업을 수행할 수 있을 거라고 밝혔다. 피겨 AI의 피겨도 장기적으로는 가정용 서비스 로봇으로의 확장을 계획 중이다. 앱트로닉

### 흘린 와인을 걸레로 닦고 그릇을 정리하는 알로하

새우 요리 (자율)

와인 닦기 (자율)

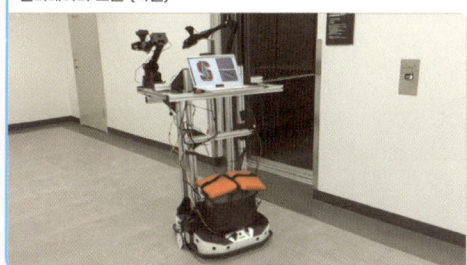

엘리베이터 호출 (자율)

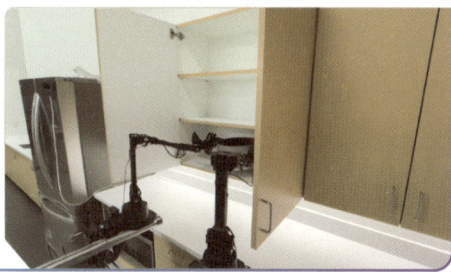

캐비넷 사용 (3파운드 냄비 들어 올리기) 실시간

출처: 알로하 깃허브

### 앱트로닉의 가정용 아폴로 활용 모습

출처: 앱트로닉

의 아폴로도 엔비디아와 함께 가정용 버전 개발에 박차를 가하고 있다.

이러한 로봇들의 등장은 가사노동의 개념을 완전히 바꿀 수 있다. 지루하고 반복적인 가사 업무에서 해방된 인간은 더 창의적이고 가치 있는 활동에 시간을 투자할 수 있게 될 것이다. 특히 맞벌이 부부나 1인 가구에게 이러한 로봇은 큰 도움이 될 것이다. 또한 고령화 사회에서 노인 돌봄 문제 해결에도 큰 도움이 될 것으로 기대된다.

제14장

빅테크의 로봇 전쟁:
테슬라 옵티머스

2022년 9월 30일 캘리포니아 팔로알토에서 열린 테슬라 AI 데이 행사에서 옵티머스 1을 선보인 지 1년 3개월 만인 2023년 12월 테슬라는 한 단계 진화한 옵티머스 2세대(Optimus Gen 2)를 소개했다. 옵티머스 2세대는 1년 3개월 만에 이전 모델과는 확연히 다른 모습으로 나타났다. 옵티머스 2세대는 이전 모델보다 10kg 가벼워져 총중량이 크게 줄었다. 이동 속도는 30% 증가해 시속 8km로 걸을 수 있게 되어 공장이나 물류센터와 같은 넓은 공간에서 빠르고 효율적인 이동이 가능해졌다.

특히 주목할 점은 손의 기능이다. 옵티머스 2세대는 11개 자유도를 가진 손 관절을 갖추고 있다. 이는 인간의 손과 비슷한 수준의 복잡한 동작을 가능하게 한다. 이번 소개에서는 옵티머스가 달걀을 집어 드는 모습을 보여주었다. 테슬라는 향후 실과 바늘을 꿸 정도로 정교한 작업을 수행할 수 있다고 밝혔다. 이러한 섬세한 조작 능력은 제조업에서부터 의료 분야까지 다양한 산업에 적용될 가능성을 보여준다.

옵티머스 2세대는 2.3kWh 용량의 배터리를 탑재하고 있다. 이는 1회 충전으로 온종일 작동할 수 있는 수준이다. 지속적인 작업이 필요한 산업 현장에서 이는 큰 장점이 될 수 있다. 충전을 위한 휴지 시간을 최소화하고 생산성을 극대화할 수 있기 때문이다.

이러한 성능을 바탕으로 옵티머스 2세대는 공장에서 무거운 물건을 옮기거나 물류센터에서 반복적인 작업을 처리하는 등 다양한 업무를 수행할 수 있다. 머스크는 옵티머스가 향후 공장과 물류센터 등에서 인간의 노동을 대체할 가능성을 제시했다.

머스크의 목표는 명확하다. 2만 달러라는 파격적인 가격에 기존 산업용 로봇보다 우수한 성능을 갖춘 제품을 만들어 시장을 선도하는 것이다. 이는 현재 산업용 로봇 가격의 1/10에도 미치지 않는 파격적인 가격이다.

옵티머스의 등장은 테슬라가 더 이상 자동차 회사가 아님을 세상에 알리는 신호탄이었다. 이제 테슬라는 휴머노이드 로봇 시장이라는 새로운 전장에 뛰어들 준비를 마쳤다. 이 글에서는 일론 머스크의 이 대담한 도전이 가져올 파장을 심층적으로 분석하고자 한다. 그가 왜 이 시장에 뛰어들었는지, 어떤 전략으로 시장을 공략할 것인지, 그리고 이것이 산업 전반에 어떤 영향을 미칠지 살펴볼 것이다.

## 머스크의 비전: 노동의 재정의

일론 머스크가 그리는 미래는 대담하다. 그는 휴머노이드 로봇이 산업 현장의 효율을 높일 뿐만 아니라 인간의 노동 개념 자체를 바꿀 것으로 확신한다. 머스크는 "앞으로는 육체노동을 할지 말지 선택할 수 있게 될 거예요. 하고 싶으면 하고 싫으면 안 해도 되는 세상이 오는 거죠."라고 말했다.

골드만삭스는 2035년 휴머노이드 로봇 시장 규모를 1,520억 달러로 전망했다. 하지만 머스크의 계산은 이를 훨씬 뛰어넘는 것으로 보인다. 전 세계 노동 인구가 약 50억 명이고 1인당 노동 가치를 연간 2만 달러로 잡으면 전체 노동 시장 가치는 100조 달러에 달한다. 휴머노이드 로봇이 그중 일부만 대체해도 그 시장 규모는 상상을 초월할 것이다. 이는 과장이 아니다.

전 세계적으로 노동력 부족 현상이 심해지는 동시에 인건비는 꾸준히 상승하고 있다. 여기에 인구 고령화까지 더해지면 로봇 수요는

## 휴머노이드 로봇 시장 전망

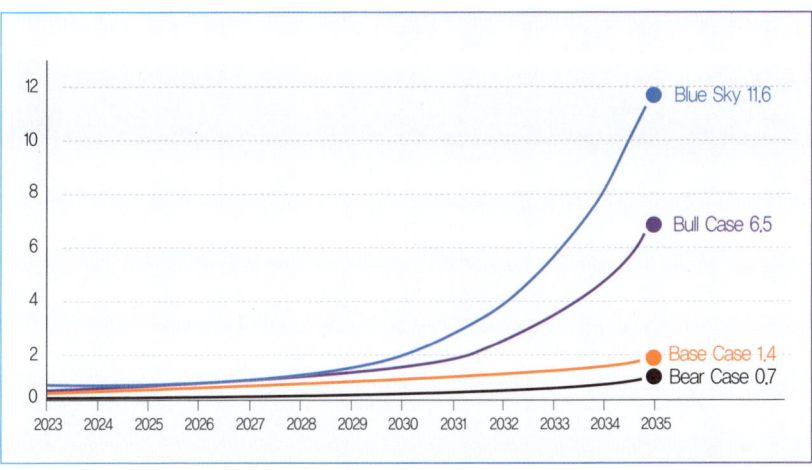

출처: 골드만삭스

폭발적으로 증가할 수밖에 없다. 머스크는 이 거대한 변화의 중심에 테슬라를 위치시키려고 한다.

## 테슬라의 숨겨진 무기: 기술 통합의 힘

테슬라가 휴머노이드 로봇 시장에서 성공할 수 있다고 확신하는 이유는 무엇일까? 그 해답은 테슬라의 독보적인 기술 통합 능력에 있다.

첫째, 자율주행 기술이다. 테슬라는 이미 수백만 대의 자율주행 차량을 통해 방대한 실제 주행 데이터를 확보하고 있다. 이 데이터는 로봇의 환경 인식과 동작 제어에 직접 활용될 수 있다. 차량이 도로 위의 장애물을 인식하고 피하는 것과 로봇이 공장이나 가정에서 물체를 인식하고 조작하는 것은 본질적으로 같은 문제다.

둘째, AI 기술이다. 테슬라의 도조(Dojo) 슈퍼컴퓨터는 초당 1.8엑사플롭스의 연산 능력을 자랑한다. 이는 옵티머스의 AI 모델을 훈련하는 데 사용되고 있으며 로봇의 성능을 빠르게 향상시키는 핵심 자산이다.

셋째, 배터리 기술이다. 테슬라는 전기차 배터리 기술에서 세계 최고 수준을 자랑한다. 이 기술은 로봇에 그대로 적용될 수 있다. 옵티머스는 테슬라의 최신 배터리 기술을 탑재해 장시간 작동이 가능하며 이는 실제 산업 현장에서 큰 강점이 될 것이다.

이러한 기술들의 통합은 테슬라에게 큰 경쟁력을 제공한다. 다른 기업들이 각각의 기술을 개별적으로 개발해야 하는 반면 테슬라는 이미 검증된 기술들을 효율적으로 결합할 수 있다. 이는 개발 속도를 높이고 비용을 줄이는 데 크게 기여할 것이다.

## 대량 생산의 마법:
## 가격 혁명

테슬라의 또 다른 무기는 바로 대량 생산 능력이다. 머스크는 옵티머스 가격을 2만 달러 이하로 책정하겠다고 밝혔다. 이는 현재 산업용 로봇 가격의 1/10에도 미치지 않는 파격적인 가격이다. 이것이 어떻게 가능할까?

답은 테슬라의 '기가팩토리'에 있다. 테슬라는 연간 100만 대 이상의 전기차를 생산할 능력을 이미 갖추고 있다. 이 경험과 인프라는 로봇 대량 생산에 그대로 적용될 수 있다. 더불어 테슬라의 수직 계열화 전략도 중요한 역할을 한다. 테슬라는 로봇의 핵심 부품인 액추에이터, 모터, 센서 등을 자체 개발하고 있다. 이는 비용을 크게 줄이고 품질을 높이는 데 기여한다.

이러한 대량 생산 능력과 수직 계열화 전략은 테슬라가 로봇 가격을 획기적으로 낮출 수 있게 해준다. 이는 시장 진입 장벽을 크게 낮추고 로봇 보급 속도를 높여줄 것이다.

## 시장 전략: 산업용에서 가정용으로

테슬라의 로봇 시장 진출 전략은 명확하다. 먼저 산업용 시장을 공략한 후 점진적으로 가정용 시장으로 확장한다는 것이다. 로봇을 사치품이 아닌 필수품으로 만든다는 것이다.

첫 단계는 제조업과 물류 분야다. 테슬라는 자사 공장에 옵티머스를 먼저 도입해 그 효용성을 입증할 계획이다. 이미 옵티머스 2세대는 테슬라 공장에서 테스트 중이다. 이는 일종의 살아있는 '쇼룸' 역할을 할 것이다. 다른 기업들은 테슬라 공장에서 옵티머스의 성능을 직접 확인하고 그 가치를 체감할 수 있을 것이다.

두 번째 단계는 서비스업이다. 호텔, 레스토랑, 병원 등에서 단순 반복적인 작업을 수행하는 로봇 수요가 급증할 것으로 예상된다. 테슬라는 이를 위해 옵티머스의 인터페이스를 개선하고 더 다양한 작업을 수행할 수 있게 할 것이다.

마지막 단계는 가정용 시장이다. 머스크는 "머지않아 가정용 로봇이 자동차만큼 흔해질 거예요. 일상적인 집안일을 도와주고 삶의 질을 높여줄 겁니다."라고 예상한다. 이번 옵티머스 2세대 공개 영상에서 옵티머스가 옷을 개는 모습을 확인할 수 있다. 이는 야심 찬 목표이지만 테슬라가 가격을 충분히 낮추고 기능을 개선한다면 실현 가능한 일이다.

이러한 단계적 접근은 테슬라가 시장을 점진적으로 장악하면서도 기술을 지속적으로 발전시키게 해줄 것이다. 각 단계에서 얻은 경험과 데이터는 다음 단계로 나아가는 데 큰 자산이 될 것이다.

제15장

빅테크의 로봇 전쟁:
엔비디아의 그루트

엔비디아는 GPU와 AI 반도체 분야에서 오랫동안 쌓아온 기술적 리더십을 바탕으로 휴머노이드 로봇 시장에 진출했다. 흥미로운 점은 엔비디아가 과거 GPU 시장에서 쿠다(CUDA) 플랫폼을 통해 개발자들을 자사 생태계에 록인(lock-in)시켰던 전략을 휴머노이드 로봇 시장에서도 그루트(GR00T)를 통해 재현하려고 한다는 것이다.

엔비디아가 선택한 접근은 로봇 개발용 개방형 플랫폼을 제공하는 것이다. 이는 엔비디아의 반도체와 기술을 더 많은 로봇 개발자들이 쉽게 활용할 수 있도록 지원한다. 엔비디아는 이를 통해 더 많은 기업이 자사의 기술에 의존하게 하고 이를 바탕으로 강력한 에코시스템을 형성하려는 것으로 보인다.

이 전략은 기업들이 엔비디아의 생태계에 들어오면 기술적 기반에서 쉽게 벗어나기 어려운 상황을 만들 가능성이 크다. 이는 결국 엔비디아의 반도체 수요를 증가시키고 그들의 시장 지배력을 더 확장하는 결과로 이어질 수 있다. 반면 테슬라는 수직 계열화된 구조로 자사의 로봇을 자체 개발하고 이를 통제하는 방식을 선택하고 있다. 두 회사의 전략은 전혀 다르지만 각자의 시장 접근 방식에서 중요한 시사점을 제공한다.

그렇다면 엔비디아가 제공하는 개발 플랫폼은 무엇이며 이를 통해 에코시스템을 어떻게 구축하고 있는지 살펴보자.

## 그루트 2.0:
## 휴머노이드 로봇 개발의 꿈,
## 엔비디아가 현실로 만든다

휴머노이드 로봇. 인간의 형상을 닮은 로봇은 오랫동안 우리의 상상력을 자극해왔다. 하지만 현실에서 휴머노이드 로봇을 개발하는 것은 꿈처럼 멀게만 느껴졌다. 인간처럼 복잡하고 정교한 움직임을 구현하고 다양한 환경에서 스스로 판단하고 행동하는 로봇을 만드는 과정에서 엄청난 기술적 난관에 부딪히기 때문이다.

### 휴머노이드 로봇 개발, 무엇이 필요할까?

먼저 로봇이 스스로 학습하고 행동을 개선하게 하는 강력한 AI 기술이 필수적이다. 또한 로봇의 움직임을 제어하고 센서 데이터를 처리하고 복잡한 알고리즘을 실행하기 위한 고성능 반도체도 필요하다. 로봇이 실제 환경에 배치되기 전 다양한 상황을 테스트하고 검증할 수 있는 시뮬레이션 환경도 중요하다. 마지막으로 이 모든 것을 통합적으로 지원하는 개발 플랫폼이 있어야 개발자들이 효율적으로 로봇을 개발할 수 있다.

## 그루트 2.0: 로봇 개발의 모든 것을 담은 통합 패키지

엔비디아가 GTC 2024에서 선보인 '그루트 2.0'은 이러한 모든 요구 사항을 충족하는 파운데이션 모델이다. 그루트 2.0은 로봇 개발에 필요한 모든 것을 하나의 패키지로 제공함으로써 개발자들이 복잡한 과정을 거치지 않고도 쉽고 빠르게 휴머노이드 로봇을 개발할 수 있도록 지원한다.

## 그루트 2.0, 그 핵심 구조는?

그루트 2.0은 크게 세 가지 핵심 요소로 구성된다.

### 1. 대규모 비전 모델

로봇이 주변 환경을 인식하고 물체를 구분하고 자연어를 이해하고 생성할 수 있게 하는 강력한 AI 엔진이다. 예를 들어 "책상 위의 컵을 가져와."라는 명령을 받으면 로봇은 대규모 비전 모델을 통해 책상과 컵을 인식하고 컵을 집어 가져오는 동작을 수행할 수 있다.

### 2. 시뮬레이션 플랫폼, 아이작 심

현실 세계를 가상 환경에 복제해 로봇을 학습시키고 테스트할 수 있는 공간을 제공한다. 개발자는 아이작 심을 통해 다양한 환경과 상황을 설정하고 로봇의 움직임을 시뮬레이션해 문제점을 파악해 개선할 수 있다.

### 3. 고성능 AI 칩, 젯슨 토르(Jetson Thor)

로봇에 탑재되어 실시간으로 AI 연산을 처리하는 '두뇌' 역할을 한다. 젯슨 토르는 강력한 GPU 성능을 바탕으로 로봇이 복잡한 작업을 수행하고 인간과 상호작용하며 자율적으로 행동할 수 있도록 지원한다.

## 그루트 2.0, 왜 주목해야 할까?

그루트 2.0은 로봇 개발의 혁신을 이끌어낼 잠재력을 지닌 플랫폼이다.

- 개발 편의성 향상: 그루트 2.0은 개발자가 로봇 개발에 필요한 모든 것을 하나의 플랫폼에서 제공함으로써 개발 과정을 단순화하고 효율성을 높인다.
- 강력한 AI 성능: 대규모 비전 모델과 젯슨 토르를 통해 로봇은 인간 수준의 인지 능력과 움직임을 구현할 수 있다.

- 현실적인 시뮬레이션: 아이작 심은 로봇이 실제 환경에 배치되기 전 다양한 상황을 테스트하고 검증할 수 있는 환경을 제공한다.

그루트 2.0은 휴머노이드 로봇 개발의 문턱을 낮추고 더 많은 개발자가 로봇 혁신에 참여할 수 있도록 한다. 이는 궁극적으로 로봇 기술의 발전 속도를 높이고 우리 삶에 더 큰 영향을 미칠 것이다.

## 대규모 비전 모델:
## 로봇 개발의 혁신을 이끄는
## 그루트 2.0의 핵심 AI 엔진

그루트 2.0에서 대규모 비전 모델은 단순히 '눈과 귀' 역할만 하는 것이 아니다. 대규모 비전 모델은 로봇 개발 과정 자체를 혁신적으로 변화시키는 핵심 동력이다.

### 그루트 2.0의 대규모 비전 모델, 무엇이 특별할까?

그루트 2.0의 대규모 비전 모델은 기존 로봇 개발 방식의 한계를 극복하기 위해 다음과 같은 특징이 있다.

- 대규모 데이터 기반 학습: 그루트 2.0의 대규모 비전 모델은 방대한 양의 데이터를 학습해 로봇이 다양한 환경과 상황에 유연하게 대응할 수 있도록 한다. 이는 개발자가 모든 상황을 일일이 프로그래밍해야 하는 기존 방식의 비효율성을 개선한다. 예를 들어 로봇이 낯

선 물체를 만났을 때 대규모 비전 모델은 과거 학습 데이터를 기반으로 물체의 특징을 파악하고 적절한 행동을 결정할 수 있다.
- 멀티모달 학습: 그루트 2.0의 대규모 비전 모델은 텍스트, 이미지, 센서 데이터 등 다양한 형태의 데이터를 동시에 학습하는 멀티모달 학습 방식을 사용한다. 이를 통해 로봇은 더 정확하고 풍부한 정보를 바탕으로 세상을 이해하고 판단할 수 있다. 예를 들어 로봇은 카메라로 물체의 형태를 파악하는 동시에 센서를 통해 물체의 재질과 무게를 감지해 물체를 더 정확히 인식할 수 있다.
- 인간 행동 모방 학습: 그루트 2.0의 대규모 비전 모델은 인간의 행동을 모방해 로봇이 새로운 동작을 학습할 수 있도록 지원한다. 이는 로봇이 복잡하고 미묘한 동작을 익히는 데 매우 효과적인 방법이다. 예를 들어 로봇은 인간이 물건을 조립하는 모습을 관찰하고 대규모 비전 모델을 통해 그 동작을 분석해 스스로 조립하는 방법을 학습할 수 있다.

## 그루트 2.0의 대규모 비전 모델, 개발을 어떻게 쉽게 만들까?

그루트 2.0의 대규모 비전 모델은 다음과 같은 방식으로 로봇 개발 과정을 단순화하고 효율성을 높인다.
- 코딩 최소화: 대규모 비전 모델은 로봇이 스스로 학습하고 행동을 개선할 수 있도록 하므로 개발자는 로봇의 모든 동작을 일일이 코딩

할 필요가 없다. 이는 개발 시간을 단축하고 로봇 개발의 진입 장벽을 낮춘다.

- 빠른 적응력: 대규모 비전 모델을 통해 로봇은 새로운 환경과 작업에 빠르게 적응할 수 있다. 예를 들어 물류 로봇을 다른 창고로 옮기는 경우 대규모 비전 모델은 새로운 환경을 빠르게 학습하고 이전과 동일한 작업을 수행할 수 있다.
- 유연한 제어: 대규모 비전 모델은 로봇이 자연어 명령을 이해하고 수행할 수 있도록 한다. 이는 개발자가 복잡한 코드를 작성하지 않고도 로봇을 쉽게 제어할 수 있도록 한다.

# 아이작 심:
## 로봇용 가상 놀이터, 현실 세계를 그대로 담다

그루트 2.0의 두 번째 핵심 요소는 바로 아이작 심이다. 아이작 심은 로봇용 가상 놀이터와 같다. 현실 세계를 그대로 복제한 가상 환경에서 로봇은 마음껏 뛰어놀며 다양한 경험을 쌓고 새로운 기술을 익힐 수 있다.

## 아이작 심, 왜 필요할까?

실제 로봇을 사용해 테스트를 진행하는 것은 시간과 비용이 많이 들 뿐만 아니라 안전 문제도 발생할 수 있다. 예를 들어 물류 로봇이 창고에서 작동하다가 오류로 인해 물건을 떨어뜨리거나 사람과 충돌하는 사고가 발생할 수 있다. 아이작 심은 이러한 문제를 해결한다. 가상 환경에서 로봇을 테스트하면 실제 환경에서 발생할 수 있는 위험을 미리 예방하고 다양한 상황을 효율적으로 테스트할 수 있다.

### 아이작 심, 무엇을 할 수 있을까?

아이작 심은 단순한 시뮬레이션 도구를 넘어 로봇 개발 전 과정을 지원하는 강력한 플랫폼이다.

- 현실적인 환경 구축: 아이작 심은 엔비디아 옴니버스(Omniverse)를 기반으로 현실 세계의 물리 법칙과 환경을 정밀히 시뮬레이션한다. 개발자는 실제와 똑같은 공장, 창고, 사무실 등을 가상 환경에 구축하고 로봇의 움직임을 테스트할 수 있다. 심지어 조명, 그림자, 재질의 질감까지 세밀히 설정해 로봇 센서가 실제 환경처럼 데이터를 수집하도록 할 수 있다.
- 다양한 로봇 제작: 아이작 심은 다양한 종류의 로봇을 가상으로 제작하고 테스트할 수 있도록 지원한다. 바퀴가 달린 로봇, 다리가 있는 로봇, 드론, 산업용 로봇 팔 등 다양한 로봇 모델을 아이작 심에서 구현하고 각 로봇에 맞는 센서와 액추에이터를 설정할 수 있다.
- 손쉬운 데이터 수집: 아이작 심은 가상 환경에서 로봇을 작동시키면서 다양한 센서 데이터를 수집할 수 있도록 지원한다. 이렇게 수집된 데이터는 로봇의 AI 모델 학습에 활용되어 로봇 성능 향상에 기

여한다. 예를 들어 가상 환경에서 로봇이 장애물을 피하는 훈련을 반복하면서 카메라와 라이다(LiDAR) 센서 데이터를 수집하고 이를 이용해 장애물 회피 알고리즘을 개선할 수 있다.
- 협업 기능: 아이작 심은 여러 개발자가 동시에 접속해 로봇을 개발하고 테스트할 수 있는 협업 기능을 제공한다. 이는 개발팀의 효율성을 높이고 더 빠르게 로봇을 개발할 수 있도록 돕는다.

아이작 심은 로봇 개발의 효율성을 높이고 안전성을 확보하며 혁신 속도를 높이는 데 중요한 역할을 한다. 개발자는 아이작 심을 통해 실제 로봇을 제작하기 전 다양한 아이디어를 테스트하고 최적의 설계를 찾아낼 수 있다. 이는 로봇 개발 비용을 절감하고 개발 기간을 단축하며 더 혁신적인 로봇을 만들 수 있도록 한다.

앞으로 아이작 심은 더 발전해 더 현실적인 시뮬레이션 환경을 제공하고 더 다양한 로봇 개발 도구를 제공할 것으로 예상된다.

## 젯슨 토르:
## 로봇의 두뇌를 깨우는 강력한 심장

그루트 2.0의 세 번째 핵심 요소는 바로 젯슨 토르다. 젯슨 토르는 로봇의 '두뇌' 역할을 하는 고성능 AI 칩으로 로봇 시스템의 심장과 같다. 강력한 컴퓨팅 파워를 제공해 로봇이 복잡한 작업을 실시간으로 처리하고 인간과 자연스럽게 상호작용하며 스스로 판단하고 행동할 수 있도록 지원한다.

### 젯슨 토르, 왜 중요할까?

휴머노이드 로봇은 방대한 양의 데이터를 처리해야 한다. 카메라, 센서, 마이크 등을 통해 수집되는 정보를 실시간으로 분석하고 이를 바탕으로 움직임을 제어하고 의사 결정을 내려야 한다. 이러한 작업을 위해서는 강력한 컴퓨팅 성능이 필수적이다.

젯슨 토르는 이러한 요구 사항을 충족하는 고성능 AI 칩이다. 이전 세대 Jetson AGX Orin보다 최대 8배 향상된 성능을 제공하며 로봇이 더 빠르고 효율적으로 작동할 수 있도록 지원한다.

### 젯슨 토르, 무엇이 특별할까?

젯슨 토르는 다음과 같은 특징을 통해 로봇의 성능을 최대로 늘린다.

- 압도적인 성능: 젯슨 토르는 INT8 정밀도에서 800테라플롭스, FP8 정밀도에서 2,000테라플롭스의 엄청난 GPU 성능을 제공한다. 이는 복잡한 AI 모델을 실시간으로 실행하고 대량의 데이터를 빠르게 처리하기에 충분한 성능이다. 예를 들어 젯슨 토르는 로봇이 고해상도 카메라 영상을 분석해 인간, 물체, 환경을 실시간으로 인식하고 이를 기반으로 안전하게 움직이고 작업을 수행할 수 있도록 지원한다.
- 뛰어난 에너지 효율성: 젯슨 토르는 높은 성능을 제공하면서도 에너지 소비를 최소로 만들도록 설계되었다. 이는 배터리 용량이 제한적인 로봇에게 매우 중요한 요소다. 젯슨 토르는 저전력 설계를 통해 로봇이 더 오랫동안 작동할 수 있도록 하며 외부 전원 공급 없이도 다양한 작업을 수행할 수 있도록 지원한다.
- 안전성: 젯슨 토르는 안전 기능이 내장되어 로봇의 안전한 작동을

보장한다. 예를 들어 로봇이 오작동하거나 외부 충격을 받았을 때 젯슨 토르는 시스템을 안전하게 종료해 사고를 예방할 수 있다. 이는 인간과 로봇이 함께 작업하는 환경에서 특히 중요하다.
- 다양한 연결성: 젯슨 토르는 다양한 센서, 카메라, 네트워크 장치와 연결할 수 있는 인터페이스를 제공한다. 이를 통해 로봇은 주변 환경을 더 정확히 인식하고 다른 시스템과 데이터를 주고받으며 협력적인 작업을 수행할 수 있다. 예를 들어 물류 로봇은 젯슨 토르를 통해 창고 관리 시스템과 통신하고 작업 지시를 받거나 작업 결과를 보고할 수 있다.

젯슨 토르는 휴머노이드 로봇의 핵심 부품으로 로봇의 지능, 성능, 안전성을 좌우하는 중요한 역할을 한다. 젯슨 토르의 강력한 성능과 뛰어난 에너지 효율성은 로봇이 더 복잡하고 다양한 작업을 수행할 수 있도록 지원하며 로봇의 활용 범위를 넓힐 것이다.

## 엔비디아, 휴머노이드 로봇 '드림팀' 결성: 플랫폼 지배 전략의 서막

엔비디아는 혼자서 로봇 혁명을 이끌어가려고 하지 않는다. 그 대신 휴머노이드 로봇 개발 선두 주자들과 손잡고 '드림팀'을 결성해 강력한 플랫폼 생태계를 구축하고 있다. 마치 스티브 잡스가 아이폰 출시 초기 앱스토어를 통해 다양한 개발자를 끌어들여 모바일 생태계를 장악했듯이 엔비디아는 그루트 2.0을 중심으로 초기 핵심 기업들을 끌어들여 플랫폼 지배 전략의 기반을 다지고 있다.

### 휴머노이드 로봇 '드림팀', 왜 엔비디아를 선택했을까?

1X 테크놀로지(1X Technologies), 어질리티 로보틱스, 앱트로닉, 포리어 인텔리전스(Fourier Intelligence), 생추어리 AI(Sanctuary AI) 등 쟁쟁한 로봇 개발기업들이 엔비디아의 '그루트 2.0' 플랫폼에 합류했다. 이들

은 왜 엔비디아를 선택했을까?

앞에서 살펴본 그루트 2.0의 장점들이 그 이유를 말해준다.

- 개발 시간 단축: 그루트 2.0은 로봇 개발에 필요한 모든 것을 하나의 패키지로 제공해 개발 과정을 단순화하고 효율성을 높인다. 이는 기업들이 더 빠르게 로봇을 시장에 출시하고 경쟁 우위를 확보하도록 돕는다.
- 강력한 AI 성능: 대규모 비전 모델과 젯슨 토르를 통해 로봇은 인간 수준의 인지 능력과 움직임을 구현할 수 있다. 이는 기업들이 더 지능적이고 유연한 로봇을 개발할 수 있도록 지원한다.
- 현실적인 시뮬레이션: 아이작 심은 로봇이 실제 환경에 배치되기 전 다양한 상황을 테스트하고 검증할 수 있는 환경을 제공한다. 이는 개발 비용을 절감하고 안전성을 높이는 데 기여한다.

## '드림팀' 멤버들, 각자의 강점을 살리다

엔비디아 '드림팀'에 합류한 기업들은 각자의 강점을 살려 특화된 로봇을 개발하고 있다.

- 1X 테크놀로지: 노르웨이 기업으로 젯슨 플랫폼을 기반으로 인간형 로봇 네오(NEO)를 개발했다. 네오는 노인 돌봄, 교육, 고객 서비스

등 다양한 분야에서 활용될 예정이다.
- 어질리티 로보틱스: 미국 기업으로 젯슨 플랫폼과 아이작 SDK(Isaac SDK)를 활용해 물류 로봇 디짓의 자율성을 향상했다. 디짓은 창고와 배송 현장에서 활용될 전망이다.
- 앱트로닉: 미국 기업으로 젯슨 오리진 플랫폼을 활용해 다목적 휴머노이드 로봇 아폴로를 개발 중이다. 아폴로는 가정용 로봇 시장을 목표로 한다.
- 포리어 인텔리전스: 중국 기업으로 옴니버스 플랫폼을 통해 재활 로봇 GR-1의 재활 훈련 프로그램을 개발했다. GR-1은 의료 및 재활 분야에서 활용될 예정이다.
- 생추어리 AI: 캐나다 기업으로 엔비디아의 AI 기술을 활용해 인간과 비슷한 인지 능력을 가진 로봇 피닉스(Phoenix)를 개발했다. 피닉스는 다양한 분야에서 인간을 보조하는 역할을 할 것으로 기대된다.

### 엔비디아, '드림팀'을 통해 플랫폼 지배력 강화

엔비디아는 이러한 '드림팀' 전략을 통해 휴머노이드 로봇 시장에서의 영향력을 확대하고 있다. 초기 핵심 기업들을 자사 플랫폼에 끌어들임으로써 엔비디아는 다음과 같은 효과를 기대할 수 있다.

- 플랫폼 선점 효과: 초기 시장을 선점하고 표준을 확립해 후발 주자와의 격차를 벌린다.
- 네트워크 효과: 더 많은 기업이 엔비디아 플랫폼에 참여할수록 플랫폼의 가치가 높아지고 이는 더 많은 참여를 유도하는 선순환 구조를 만든다.
- 록인 효과 강화: 엔비디아 플랫폼에 익숙해진 개발자와 기업들은 다른 플랫폼으로 이전하기 어려워지며 이는 엔비디아의 장기적인 시장 지배력을 강화한다.

## 경쟁 구도:
## 테슬라 vs 엔비디아 연합

휴머노이드 로봇 시장은 테슬라와 엔비디아를 중심으로 한 '연합군'의 경쟁이 될 것이다. 이는 마치 스마트폰 시장의 애플 vs 안드로이드 구도와 유사하다. 테슬라가 애플처럼 하드웨어와 소프트웨어를 모두 자체 개발하는 폐쇄적 전략을 취한다면 엔비디아 연합은 안드로이드 진영처럼 개방형 플랫폼 전략을 취하고 있다.

양측의 접근 방식은 각각 장단점이 있다. 테슬라의 전략은 하드웨어와 소프트웨어의 완벽한 최적화를 가능케 하지만 혁신 속도가 상대적으로 느릴 수 있다. 반면 엔비디아 연합은 다양한 기업의 아이디어를 결합해 빠르게 혁신할 수 있지만 일관성과 통합성에서는 테슬라에 뒤질 수 있다. 이 경쟁은 결국 누가 더 빨리 더 저렴하게 더 유용한 로봇을 만들어내느냐의 싸움이 될 것이다. 현재로서는 승자를 예상하기 어렵다. 다만 분명한 것은 이 치열한 경쟁이 전체 시장의 성장 속도를 높일 것이라는 점이다.

제16장

현실이 되는 물류 로봇:
피겨 AI의 헬릭스

15장에서 우리는 휴머노이드 로봇 기술의 발전과 이것이 산업 현장에 가져올 변화를 살펴보았다. 테슬라의 옵티머스와 엔비디아의 그루트 플랫폼은 로봇 혁명의 주요 동력이 되리라는 것을 확인했다.

이번 장에서는 이러한 기술 발전이 실제 물류 현장에서 어떻게 구현되고 있는지 살펴본다. 최근 스타트업 기업 피겨 AI가 공개한 물류 특화 휴머노이드 로봇 '헬릭스(Helix)'의 영상은 앞에서 우리가 살펴본 휴머노이드 로봇 혁명이 현실로 다가오고 있음을 보여준다. 이번 장에서는 앞에서 논의한 엔비디아의 그루트 기술이 피겨 AI의 헬릭스를 통해 구체적인 물류 현장 적용 모습으로 어떻게 나타나는지 살펴보고자 한다. 이를 통해 휴머노이드 로봇이 실제 물류센터에 배치되었을 때 어떤 모습일지, 그리고 이를 가능케 하는 구체적인 기술이 무엇인지 현실적으로 이해할 수 있을 것이다.

## 피겨 AI의 헬릭스:
## 물류에 특화된 휴머노이드 로봇

최근 피겨 AI가 공개한 '헬릭스: 실생활 물류 가속화(Helix: Accelerating Real-World Logistics)' 영상은 물류 현장에서 여러 대의 로봇이 컨베이어 벨트 앞에 줄지어 서서 택배 상자를 분류하는 모습을 보여준다.

물류센터에서 택배 상자를 분류하는 헬릭스

출처: 피겨 AI

영상에서 가장 눈에 띄는 모습은 마치 인간 작업자들처럼 헬릭스 로봇들이 컨베이어 벨트에서 내려오는 다양한 크기와 모양의 택배 포장을 정확히 인식하고 집어 올려 적절한 위치로 분류하는 작업을 수행하는 것이다. 각 로봇은 자신의 담당 구역을 갖고 있으며 작업 중 서로 충돌하지 않으면서 조화롭게 움직이는 모습을 보여준다.

"우리는 실제 물류 환경에서 헬릭스가 어떻게 작동하는지 보여주고 싶었습니다. 이는 단순한 시연용 데모가 아니라 산업 현장에서 바로 활용할 수 있는 실질적인 기술입니다." 피겨 AI의 CEO가 설명한 내용이다.

피겨 AI가 물류 산업을 첫 번째 목표로 선택한 것은 매우 전략적인 결정이다. 물류 산업은 다음과 같은 이유로 휴머노이드 로봇 도입에 이상적인 환경을 제공한다.

### 1. 경제적 이점의 명확성

인건비가 물류 운영비용의 상당 부분을 차지하므로 로봇화를 통한 비용 절감 효과가 즉각적이고 측정 가능하다.

### 2. 통제된 환경

물류센터는 공장과 같이 정형화된 작업 환경으로 로봇이 일관된 방식으로 작업할 수 있는 공간이다.

### 3. 인력 부족 문제

전 세계적으로 물류 작업자 수요는 증가하는 반면 지원자는 감소하는 추세다. 특히 야간 근무나 스케줄이 불규칙한 작업의 인력 확보가 어렵다.

### 4. 기존 자동화 인프라와의 호환성

이미 많은 물류센터가 컨베이어 벨트, 바코드 시스템 등 자동화 설비를 갖추고 있어 휴머노이드 로봇과의 통합이 상대적으로 쉽다.

바퀴가 달린 자율 이동 로봇(AMR)이나 기계식 팔을 가진 로봇 등이 물류센터에 이미 도입되었지만 이러한 로봇들은 설계된 특정 작업만 수행할 수 있다. 반면 헬릭스와 같은 휴머노이드 로봇은 인간과 비슷한 형태와 움직임을 가지고 있어 기존 인프라를 크게 변경하지 않고도 다양한 작업을 수행할 수 있다는 큰 장점이 있다.

## 물류 현장에 특화된 헬릭스의 핵심 기술

물류 현장에서 헬릭스가 효과적으로 작업할 수 있게 해주는 세 가지 핵심 기술을 자세히 살펴보자.

### 입체 시각 시스템

첫 번째는 입체 시각 시스템(Stereo Vision)이다. 인간도 두 눈으로 보는 것이 한쪽 눈으로만 볼 때보다 깊이와 거리를 더 정확히 파악할 수 있듯이 헬릭스도 두 개의 카메라로 공간을 3D로 인식한다. 헬릭스의 '이마'에 있는 카메라와 '가슴'에 있는 카메라가 서로 다른 각도에서 같은 물체를 보고 그 차이를 분석해 깊이를 파악하는 방식이다.

기존 1세대 헬릭스는 단일 카메라(모노큘러) 시스템을 사용했지만 이는 물체의 정확한 거리와 깊이를 인식하는 데 한계가 있었다. 2세대 모델에서 도입된 스테레오 비전 시스템은 다음과 같은 이점을 제공한다.

- 정확한 깊이 인식: 두 카메라의 시차(parallax)를 분석해 물체까지의 정밀한 거리를 측정할 수 있다.
- 복잡한 형태 인식: 다양한 각도에서 물체를 관찰함으로써 복잡한 형태의 물건도 정확히 인식할 수 있다.
- 신뢰성 향상: 하나의 카메라가 햇빛이나 조명 반사로 시야가 방해받더라도 다른 카메라의 정보를 활용할 수 있다.

이 기술은 컨베이어 벨트에서 빠르게 움직이는 다양한 크기와 형태의 택배를 정확히 집어 올리는 데 필수적이다. 특히 얇은 비닐 봉투처럼 집기 어려운 물건도 정확히 인식하고 집어 올릴 수 있게 해준다. 피겨 AI의 기술 문서에 따르면 스테레오 비전 시스템은 3천만 개의 파라미터로 구성된 비전 백본(Vision Backbone) 모델을 사용하며 이는 기존 로봇의 처리량보다 60%나 향상시켰다.

또한 이 시스템은 다중 스케일 특징 추출(Multi Scale Feature Extraction) 네트워크를 활용해 시각 정보를 다양한 상세도로 처리한다. 이는 마치 인간이 전체적인 상황을 파악하면서 동시에 작업에 필요한 세부 사항에 집중할 수 있는 것과 비슷하다.

## 시각적 자기 인식

두 번째는 시각적 자기 인식(Visual Proprioception) 기능이다. 이것은 로봇이 카메라로 자기 손과 팔의 위치를 스스로 인식하고 조정하는 능력이다. 마치 인간이 거울을 보며 자신의 동작을 확인하는 것과 비슷하다.

전통적인 산업용 로봇은 각 로봇마다 인간이 직접 세밀하게 조정(calibration)하는 과정이 필요했다. 이는 시간과 비용이 많이 드는 작업으로 특히 여러 대의 로봇을 운영할 때 큰 부담이 된다. 헬릭스의 비주얼 프로프리오셉션 기술은 다음과 같은 혁신을 가져온다.

- 자동 보정: 로봇이 카메라로 자기 손과 팔을 관찰하며 실시간으로 위치를 보정한다.
- 하드웨어 차이 극복: 각 로봇마다 존재하는 미세한 하드웨어 차이(센서 위치, 관절 반응 등)를 시각적으로 인식해 자동으로 조정한다.
- 크로스 로봇 트랜스퍼: 한 로봇에서 학습된 동작 정책을 다른 로봇에 쉽게 적용할 수 있게 한다.

이 기술은 물류센터에 수십 수백 대의 로봇을 배치할 때 특히 중요하다. 각 로봇을 개별적으로 조정할 필요 없이 모든 로봇이 동일한 AI 정책(policy)을 공유하면서도 각자의 하드웨어 특성에 맞게 자동으로 적응하기 때문이다.

피겨 AI의 기술 보고서에 따르면 이 기술을 통해 처음에는 한 대의 로봇으로만 학습된 정책이 다른 여러 로봇에서도 비슷한 수준의 성능을 발휘할 수 있었다. 이는 대규모 로봇 배치에 중요한 의미를 갖는다.

## 스포츠 모드

세 번째는 스포츠 모드(Sports Mode)라는 속도향상 기술이다. 이 기술은 로봇의 정확성은 유지하면서도 움직임 속도를 최대로 만들기 위해 설계되었다. 일반적으로 로봇은 정확성을 위해 상대적으로 느리게 움직이도록 프로그램된다. 하지만 물류 산업에서는 시간당 처리량이 경쟁력의 핵심이다. 스포츠 모드는 이 문제를 해결하기 위한 혁신적인 접근법을 사용한다.

- 테스트 타임 스피드업: 로봇의 학습 방식을 변경하지 않고 실행 시점에서 동작 속도를 높이는 기법이다.
- 액션 청크 보간법: 헬릭스의 시스템 1(System 1)은 로봇 동작을 200Hz(초당 200회) 주파수로 제어하는 '액션 청크'를 출력한다. 스포츠 모드는 이 액션 청크를 압축해 더 짧은 시간 안에 동일한 동작을 완료하도록 한다.

피겨 AI의 테스트에 따르면 이 방식으로 최대 50%까지 속도를 높일 수 있었고 그 이상으로 속도를 높이면 정확도가 급격히 떨어지기 시작했다. 물류 현장에서 처리 속도는 매우 중요하다. 특히 온라인 쇼핑 성수기에는 물류센터가 초당 수십 개의 택배를 처리해야 하는 상황이 발생한다. 스포츠 모드 기술 덕분에 헬릭스는 학습 데이터에 나타난 인간 작업자의 속도보다 더 빠르게 작업을 수행할 수 있다.

## 헬릭스가 가져올 물류 현장의 변화

피겨 AI의 헬릭스 시연은 휴머노이드 로봇이 물류 현장에 도입되면 어떤 모습일지 구체적으로 보여준다. 영상에서는 여러 대의 헬릭스가 나란히 서서 컨베이어 벨트에서 내려오는 택배를 분류하는 작업을 수행한다. 각 로봇은 자기 담당 구역이 있으며 시각적으로 택배를 확인한 후 적절한 위치로 분류한다.

### 현재 물류 작업의 현실

이러한 모습은 이커머스 물류센터에서 볼 수 있는 인간 작업자들의 모습과 매우 비슷하다. 실제로 이런 물류센터에서는 많은 작업자가 컨베이어 벨트 옆에 서서 택배를 분류하고 있다.

현재 물류센터 작업자들의 상황은 다음과 같다.

- 작업자들은 시간당 300개~400개의 택배를 처리한다.
- 중국 물류센터의 작업자는 월 3,500위안~5,000위안(70만~100만 원)의 급여를 받는다.
- 미국의 경우, 시간당 20달러~30달러, 월 급여로 환산하면 약 4,000달러(약 600만 원)의 비용이 든다.
- 특히 야간 근무나 성수기에는 인력 확보가 어렵고 추가 수당 비용 부담이 크다.

## 로봇 도입의 경제적 효과

헬릭스와 같은 휴머노이드 로봇 도입의 경제성을 분석해보면 다음과 같다.

- 테슬라가 목표로 하는 옵티머스 가격 2만 달러(약 3,200만 원)나 피겨 AI의 헬릭스(가격 미정)는 초기 투자 후 장기적인 비용 절감을 가져온다.
- 로봇은 24시간 무중단 작업이 가능하다. 인간 한 명이 하루 8시간 일한다면 로봇 한 대는 3명의 교대 근무자를 대체할 수 있다.
- 전기료, 유지보수 비용, 소프트웨어 업그레이드 비용 등이 발생하지만 인건비와 비교하면 상당히 낮은 수준이다.
- 로봇은 시간이 지날수록 소프트웨어 업데이트를 통해 성능이 향상

될 수 있으며 한 로봇의 학습 내용은 다른 모든 로봇과 공유될 수 있다.

간단히 계산해보면 미국 기준으로 물류 작업자 1명의 연간 인건비는 약 52,000달러다. 교대 근무에 3명이 필요하다면 연간 15만 6,000달러의 비용이 든다. 2만 달러 가격의 로봇은 1년 이내에 초기 투자 비용을 회수하고 그 이후에는 매년 인건비 절감 효과를 가져올 수 있다.

## 헬릭스가 가져올 물류 현장의 변화

헬릭스와 같은 로봇이 물류 현장에 도입되면 다음과 같은 변화가 예상된다.

### 1. 작업 효율성 향상
로봇은 휴식 시간이나 집중력 저하 없이 일정한 속도로 작업할 수 있어 전체적인 처리량이 증가한다.

### 2. 24시간 운영 가능
야간이나 주말에도 동일한 효율로 작업할 수 있어 물류센터의 운영 시간을 확장할 수 있다.

**3. 노동 환경 개선**

단순 반복 작업이나 무거운 물건을 다루는 위험한 작업을 로봇이 수행함으로써 인간 작업자는 더 복잡하고 가치 있는 작업에 집중할 수 있다.

**4. 운영비용 절감**

인건비 절감 외에도 오류 감소로 인한 비용 절감, 에너지 효율화 등의 효과를 기대할 수 있다.

**5. 확장성 향상**

수요 증가 시 추가 인력 채용과 교육이 필요 없이 로봇 추가 배치만으로 빠르게 대응할 수 있다.

중요한 점은 피겨 AI가 보여준 시연이 단순한 기술 과시가 아니라 실제 산업 현장에 곧 적용될 수 있는 수준의 기술이라는 것이다. 피겨 AI의 CEO는 "물류 처리는 우리가 가장 먼저 상용화할 애플리케이션 중 하나다."라고 명시했으며 이는 물류 자동화의 미래가 빠르게 다가오고 있음을 시사한다.

## 국내 물류 현장에 미칠 영향

쿠팡, 마켓컬리, 이마트와 같은 대형 이커머스 기업들은 물류센터 운영에 막대한 인건비를 지출하고 있다. 특히 새벽 배송 서비스를 제공하는 기업들은 야간 근무자 확보에 어려움을 겪고 있으며 추가 수당 비용 부담도 크다. 헬릭스와 같은 로봇은 24시간 운영이 가능해 야간작업 문제를 효과적으로 해결할 수 있다.

또한 한국은 고령화로 인한 노동력 감소 문제가 심각한 국가 중 하나다. 통계청에 따르면 한국의 생산가능인구(15세~64세)는 2021년부터 감소하기 시작했으며 2030년까지 약 300만 명 감소할 것으로 예상된다. 이런 상황에서 물류 산업은 인력 확보에 더 어려움을 겪을 것이고 휴머노이드 로봇은 이 문제의 해결책이 될 수 있다. 한국 물류 기업들의 경우 초기에는 포장과 분류 작업 같은 단순 반복 작업에 휴머노이드 로봇을 도입할 가능성이 크다. 이는 현재 인력이 가장 많이 필요하고 자동화가 상대적으로 쉬운 영역이기 때문이다. 픽업, 적재, 하역 등 더 복잡한 작업으로 점점 확대될 것으로 예상된다.

"한국의 물류센터는 공간 효율성을 극대화하기 위해 좁은 공간에 많은 물품을 보관하는 경향이 있습니다. 이런 환경에서는 휴머노이드 로봇이 바퀴가 달린 기존 로봇보다 더 효과적일 수 있습니다."

하지만 한국 시장에도 도전 과제가 있다. 한국의 노동법과 규제는 자동화로 인한 고용 감소를 우려해 로봇 도입에 일정한 제약을 둘 가능성이 있다. 또한 빠른 배송에 대한 한국 소비자들의 높은 기대치를 충족시키기 위해서는 로봇의 작업 속도가 충분히 빨라야 한다.

이런 상황에서 한국 물류 기업들은 휴머노이드 로봇 도입을 위한 전략적 접근이 필요하다. 초기에는 인력 부족이 심각한 야간 시간대나 특정 작업에 제한적으로 로봇을 도입하고 그 범위를 점점 확대하는 방식이 효과적일 것이다.

제6부

자율주행과
무인 배송의 미래

5부에서 우리는 휴머노이드 로봇이 물류 현장을 어떻게 혁신할지 살펴보았다. 물류센터에서 24시간 상품을 분류하고 포장하는 로봇들의 모습은 이제 더이상 먼 미래의 이야기가 아니다. 하지만 진정한 무인 물류를 실현하기 위해서는 또 하나의 핵심 요소가 필요하다. 바로 자율주행이다.

완전자율주행 기술이 실현되면 물류의 전 과정을 무인화할 수 있다. 휴머노이드 로봇이 물류센터에서 상품을 준비하고 자율주행 차량이 이를 운송하며 다시 로봇이 최종 배송을 담당하는 완벽한 무인 시스템이 가능해진다. 이제 이러한 혁신을 주도하는 테슬라의 야심 찬 도전을 살펴보자.

제17장

테슬라의 완전자율주행
로보택시 전략

2024년 10월 11일 캘리포니아 버뱅크의 워너브라더스 스튜디오에서 열린 '위 로봇(We Robot)' 행사는 자율주행의 미래를 보여주는 역사적인 순간이었다. 일론 머스크가 운전대도 페달도 없는 미래형 택시 '사이버캡(CyberCab)'을 타고 등장했을 때 청중들은 그들이 목격하고 있는 것이 단순한 제품 발표가 아닌 모빌리티 혁명의 시작임을 직감했다.

나비 날개처럼 위로 열리는 문이 인상적인 2인승 사이버캡은 도심 주행에 최적화된 설계를 자랑했다. 특히 플러그를 꽂지 않고도 충전할 수 있는 무선 충전 시스템은 24시간 무중단 운행을 가능케 하는 핵심 기술이었다. 머스크는 2026년까지 3만 달러 미만의 가격으로 대량 생산을 시작하겠다는 야심 찬 계획도 발표했다.

같은 행사에서 공개된 대형 자율주행 셔틀 로보밴(RoboVan)은 최대 20명의 승객이나 대량 화물을 운송할 수 있어 대중교통과 물류 혁신의 가능성을 보여주었다. 머스크는 이러한 자율주행 차량들이 도

## 위 로봇 행사에서 발표한 테슬라 사이버캡

출처: 테슬라

시 설계까지 바꿀 것으로 전망했다. 주차장이 공원으로 바뀌고 교통 흐름이 최적화되는 미래 도시의 청사진을 제시한 것이다.

이러한 테슬라의 야심 찬 계획이 현실이 될 수 있었던 것은 FSD(Full Self-Driving) 기술의 비약적인 발전 덕분이다. 특히 최근 공개된 FSD 13.2는 완전자율주행을 향한 결정적 진보를 보여주었다. 테슬라 차주들이 공유한 실제 주행 영상들은 이전과는 차원이 다른 환경 인식과 판단력을 입증했다.

예를 들어 빨간 신호 앞에 멈춰 있던 차가 중앙선을 넘어오는 구급차를 발견하고 재빨리 길을 비켜주는 장면은 AI가 이제 예외 상황에서도 올바른 판단을 내릴 수 있음을 보여주었다. 더 인상적인

### 위 로봇 행사에서 발표한 테슬라 로보밴

출처: 테슬라

점은 운전자들 간의 암묵적인 소통까지 이해하게 된 것이다. 반대편 차량이 하이빔을 깜빡여 양보 신호를 보내면 이를 즉시 인식하고 대응하는 모습은 AI가 이제 도로 위의 문화적 맥락까지 이해할 수 있음을 의미한다.

이러한 기술적 진보를 바탕으로 테슬라는 2025년 텍사스와 피닉스에서 로보택시 시범 서비스를 시작할 계획이다. 이제 우리는 테슬라의 자율주행 전략이 물류 산업에 가져올 혁신적 변화를 자세히 살펴볼 것이다. 사이버캡과 로보밴이 택배 산업을 어떻게 변화시키고 도시 설계에 어떤 영향을 미칠지, 그리고 이것이 우리의 일상생활을 어떻게 바꿀지 분석해보고자 한다.

## 자율주행 택시 시장:
## 기존 플레이어들의 한계

현재 자율주행 택시 시장이 어떻게 돌아가는지 한번 살펴보자. 여러 업체가 서로 협력하는 구조로 되어 있다. 웨이모를 예로 들면 자율주행 플랫폼은 가지고 있지만 자체 차량이 없어 자동차 제조업체에서 차량을 사와야 한다. 또한 우버와 협력해 플랫폼을 확장하고 있는데 우버는 자율주행 차량이 없어 웨이모와 손을 잡은 것이다.

**웨이모 드라이버 통합 과정**

| Base vehicle | Waymo Driver-ready vehicle | The Waymo Driver | Final vehicle with the Waymo Driver |
|---|---|---|---|
| I-PACE (Model Year 2021) Manufactured and sold by Jaguar Land Rover (JLR) | Waymo custom I-PACE configuration built and delivered by JLR | Collections of custom modules that collectively make up the Waymo Driver | Final configuration of the custom vehicle with the Waymo Driver |

출처: 웨이모

2024년 10월 웨이모가 현대자동차와 전략적 파트너십을 맺은 것도 이러한 맥락이다. 현대차의 아이오닉 5에 웨이모의 6세대 자율주행 기술인 '웨이모 드라이버'를 탑재하기로 했고 이 차량들은 미국 조지아에 있는 현대차 메타플랜트 아메리카에서 생산될 예정이다.

웨이모를 비롯한 모든 자율주행 시스템 개발회사는 라이다, 레이더, 카메라 등 다양한 센서와 고정밀 지도(HD Map)를 기반으로 한다. 이 방식은 각 센서 데이터를 종합해 판단해야 하는 복잡한 시스템이며 센서 하나당 수천만 원에 달하는 고비용 구조다. 특히 고정밀 지도 기반 시스템은 새로운 도시에 서비스를 확장할 때마다 해당 지역의 정밀 지도를 새로 제작해야 하는 한계가 있다. 웨이모는 현재 샌프란시스코, LA, 피닉스 등 일부 도시에서만 서비스가 가능한 상황이다.

자동차 제조사들도 자율주행 개발에 뛰어들었지만 성과를 내지 못하고 있다. 대표적으로 현대차는 2020년 미국의 앱티브와 4조 원을 투자해 자율주행 합작사 '모셔널'을 설립했다. 하지만 4년간 2조 3천억 원의 누적 손실을 기록했고 최근에는 자율주행차 상용화 계획을 무기한 연기했다. 결국 지난 10월 현대차는 웨이모와 파트너십을 체결하고 아이오닉 5에 웨이모의 자율주행 시스템을 탑재하는 쪽으로 선회했다.

## 웨이모 센서 구성도

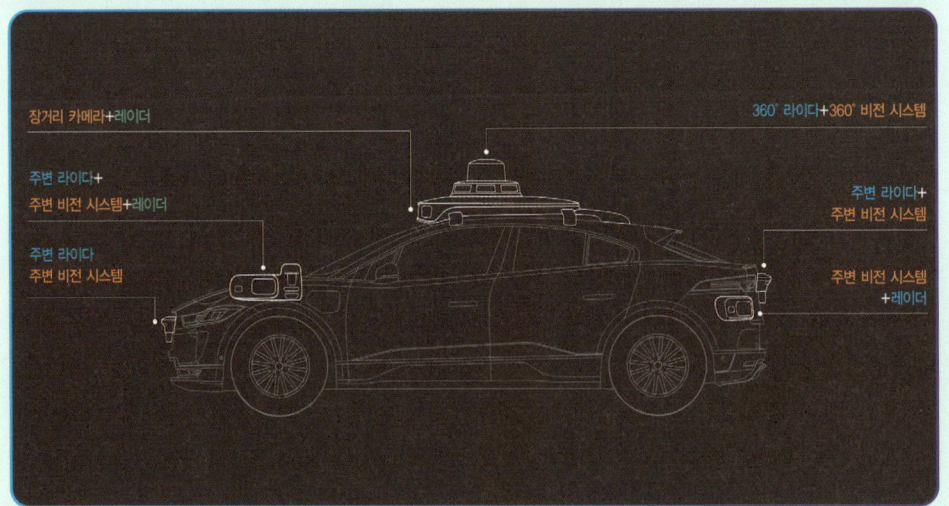

출처: 웨이모

## 테슬라의 비밀 무기: 수직 계열화

테슬라는 전혀 다른 접근법을 택했다. 고가의 라이다나 레이더 없이 오직 카메라 비전과 AI 기반으로만 자율주행을 구현한다. 테슬라는 전 세계에서 운행 중인 수백만 대의 테슬라 차량으로부터 실시간 주행 데이터를 수집해 이를 세계 최대 규모의 AI 슈퍼컴퓨터 '도조'에서 학습시킨다. 매일 500만 마일 이상의 실주행 데이터가 쌓이는데 이는 웨이모의 7만 마일과 비교가 되지 않는 규모다. 특히 최근에는 생성형 AI 기술을 접목해 학습 속도를 대폭 높였고 그 결과물이 바로 FSD 13.2다.

이러한 접근법의 강점은 단순히 데이터 양의 차이가 아니다. 테슬라는 자율주행 기술 개발, 차량 제조, 서비스 플랫폼까지 모든 것을 직접 통제한다. 이는 웨이모(자율주행 기술)-현대차(차량 제조)-우버(서비스 플랫폼) 같은 협력 모델과 전혀 다른 방식이다. 수직 계열화를 통해 테슬라는 기술 개발부터 서비스 제공까지 모든 과정에서 비용을 절감하고 효율성을 높일 수 있다. 게다가 이런 규모의 데이터센터와 AI 학습 시스템을 구축하는 데는 천문학적 비용이 들기 때문에 사실상 진입장벽으로 작용한다.

이런 수직 계열화 모델이 가진 장점을 살펴보자. 첫째, 비용 효율성이 엄청나다. 중간 마진이 전혀 없어 서비스 제공 단가를 확 낮출 수 있다. 둘째, 기술, 제조, 플랫폼을 모두 한 회사에서 관리해 통합 운영이 가능하다. 마지막으로 독립적으로 운영해 시장 상황에 따라 빠르게 대응하고 혁신할 수 있다.

웨이모-우버-현대차 연합도 각자의 강점을 살려 시장에서 열심히 도전 중이지만 테슬라의 통합 모델이 가격이나 속도, 효율성 면에서 훨씬 앞서 있다. 특히 웨이모의 자금투자 규모는 불과 5억~6억 달러인데 이 정도로는 테슬라처럼 시장을 공격적으로 확장하기는 힘들 것 같다.

## 로보택시 시장
## 진입 전략

테슬라가 로보택시 시장에 어떻게 들어올지 자세히 들여다보자. 핵심은 초기 투자 비용을 최대한 줄이면서도 시장점유율은 빠르게 높이겠다는 것이다.

### 최소 비용의 인프라 구축

로보택시 네트워크를 확장하는 방식은 일단 자신들이 만든 사이버캡을 직접 투입하면서도 플릿(Fleet) 사업자들도 끌어들여 초기 비용 부담을 나누겠다는 전략이다. 여기서 플릿 사업자란 여러 대의 차량을 사 운영하는 사업자로 쉽게 말해 과거의 택시회사처럼 여러 대의 차량을 보유해 운영하는 회사나 개인사업자를 생각하면 된다. 실제로 미국에서는 우버나 리프트 차량 여러 대를 사 운영하는 플릿 사업자가 많다. 테슬라는 이런 사업자들이 사이버캡을 대량 구매해 로보택시 사업을 할 수 있게 하겠다는 것이다.

처음에는 테슬라가 직접 만든 사이버캡으로 네트워크의 기본을 다진다. 이 차들은 자율주행 성능이 최적화되어 있어 네트워크의 핵심 기반이 될 것이다. 여기에 플릿 사업자들에게 사이버캡을 팔아 그들도 네트워크에 참여시키는 것이다. 예를 들어 한 플릿 사업자가 사이버캡 50대를 사 특정 도시에서 집중적으로 운영할 수 있다. 그러면 테슬라는 초기 자본 부담을 줄이면서도 시장을 빠르게 키울 수 있다.

### 수요 변동성 대응 전략

라이드 헤일링 서비스에서 가장 골치 아픈 것은 수요 변동성이다. 특정 시간대에는 차량이 몰리고 어떤 때는 없고. 테슬라는 고정 차량과 유연한 클라우드 차량을 섞어 이것을 해결하려고 한다.

고정 차량으로는 테슬라 자체 차량과 플릿 사업자 차량이 기본 수요를 받는다. 여기에 재미있는 것은 일반 테슬라 차주들도 HW4 장착 차량을 네트워크에 등록해 변동 수요를 받을 수 있다는 것이다. 마치 쿠팡 플렉스처럼 운전은 안 하고 차량만 등록해 수익을 낼 수 있는 것이다.

예를 들어 출퇴근 시간대(오전 7시~9시, 오후 6시~8시)에만 운행하는 차주는 하루 4시간을 제외하고 약 20시간을 로보택시로 운영할 수 있다. 처음에는 시간당 1회~2회 운행하면서 하루 20회~25회, 월 120만~150만 원가량 벌 수 있을 것 같다. 서비스가 자리 잡으면 시간당 2회~3회 이상으로 늘어나 하루 40회 이상, 월 240만 원도 가능할 것이다. 차량 할부금을 내고도 남을 돈을 벌 수 있는 것이다.

이러한 전략에 비판적인 시각도 있다. 전문가 중에서는 테슬라 소유자들이 자기 차를 낯선 사람에게 빌려주는 것을 꺼릴 거라는 것이다. 50% 미만의 오너만 로보택시에 참여할 거라는 실제 조사 결과도 있다.

그런데 에어비앤비 사례를 보면 이것을 좀 다르게 생각해볼 수 있다. 에어비앤비도 처음에는 '누가 자기 집을 낯선 사람에게 빌려주겠어?'라는 시각이 지배적이었다. 하지만 실제로는 예상을 훨씬 뛰어넘는 참여율을 보였다. 특히 테슬라 로보택시의 경우 운전도 안 하고 그냥 차량만 등록해놓으면 되니 꽤 매력적인 부수입원이 될 수 있을 것이다.

부수입을 얻으려는 차주가 많아질수록 테슬라 로보택시 네트워크에는 등록 대수가 늘고 이는 승차 대기시간을 줄일 것이다. 빠른 배차 간격은 웨이모, 리프트, 우버 모두를 힘들게 할 것이다.

## 독자적인 호출 플랫폼 운영

테슬라는 로보택시를 통해 명실상부한 서비스 플랫폼 회사로 변신하려고 한다. 자동차 제조사로서의 테슬라라면 우버 같은 큰 플랫폼에 사이버캡을 판매하는 것이 일반적이다. 그런데 이렇게 안 하고 자신들만의 플랫폼을 만들어 승객과 직접 소통하겠다는 것이다. 자동차 회사에서 서비스 회사로 완전히 변신하겠다는 것인데 매우 과감한 선택이다.

이렇게 하면 승객들이 내는 요금에서 발생하는 수익 전부를 테슬라가 가져갈 수 있다. 자체 차량으로 운영하면 수익의 100%가 테슬라 것이 되고 플릿 사업자나 일반 차주의 차량은 수익을 나눠 갖는 구조로 가려고 한다.

가장 큰 무기는 가격이다. 일론 머스크가 발표한 대로 마일당 20센트~30센트면 웨이모와 우버 요금의 1/10 수준으로도 서비스를 제공할 수 있다. 이 정도 가격이라면 시장 장악은 시간문제다.

## 차량 판매의 선순환 구조

여기서 더 재미있는 것은 이것이 다시 차량 판매로 이어진다는 것이다. 일반 소비자들이 테슬라 차를 살 때 '이걸 사두면 나중에 로보택시 네트워크에 등록해 돈도 벌 수 있겠다.'라고 생각하게 되어 HW4가 탑재된 신형 차량 수요가 늘어날 거라는 얘기다.

여기서 잠시 HW4에 대해 설명하면 테슬라의 최신 자율주행 하드웨어다. 2023년부터 생산되는 신형 테슬라 차량에 탑재되기 시작했는데 이전 버전인 HW3보다 카메라 화질도 향상되고 자율주행 컴퓨터(FSD 컴퓨터)의 성능도 대폭 향상되었다. 특히 완전자율주행을 위한 로보택시 서비스에는 이 HW4가 탑재된 차량만 참여할 수 있다. 그래서 로보택시로 수익을 올리고 싶은 사람들은 자연스럽게 HW4가 탑재된 신형 차량을 선호하게 될 것이다.

이러한 선순환이 계속되면 테슬라는 차량도 더 많이 팔고 네트워크도 더 커지고 결국 양쪽에서 돈을 벌 수 있게 되는 것이다.

## 한국 시장의 도전과 기회

이제 우리나라 시장은 어떻게 될지 생각해보자. 테슬라 로보택시가 한국에 들어오면 가장 먼저 타격을 받는 것은 당연히 카카오모빌리티다. 지금 카카오택시는 택시 기사님들이 운전하는 라이드 헤일링 플랫폼인데 운전자가 필요 없는 테슬라 로보택시가 들어오면 가격 경쟁에서 밀릴 수밖에 없을 것이다.

그런데 카카오 입장에서는 이게 쉽지 않은 상황이다. 기존 택시 기사님들과의 관계도 있고 당장 완전자율주행으로 바꾸기도 어렵다. 게다가 카카오는 자율주행 기술이나 차량을 자체적으로 가지고 있지도 않다. 미국 우버와 비슷한 입장이다. 결국 웨이모 같은 자율주행 플랫폼 회사와 현대자동차와 손잡아야 할 텐데 이런 연합으로는 앞의 미국 사례에서 보듯이 테슬라의 일원화된 시스템에 맞서 싸우기 어려울 것이다.

반면 우리나라 테슬라 차주들에게는 반가운 소식 아닐까? 로보택시 네트워크에 자기 차를 등록해 부수입을 올릴 수 있으니까. 아마도 플릿 사업자들도 많이 나타날 것 같다. 테슬라의 로보택시가 새로운 수익 모델로 정말 자리 잡으면 우리나라 모빌리티 시장은 완전히 뒤바뀔 수도 있다.

## 규제 장벽

물론 넘어야 할 산이 있다. 과거에 우리 정부가 우버를 막았듯이 택시 기사님들과 국내 플랫폼을 보호하겠다며 테슬라 로보택시 허가를 제한할 가능성이 크다. 하지만 이것을 언제까지 막을 수 있을까? 우리나라 테슬라 차주들은 FSD 기능을 쓰고 싶어 할 텐데. 최근 국토교통부는 테슬라의 FSD 기능 도입에 대해 "특별히 제한을 두지 않겠다."라고 밝혔다. 아마도 FSD가 먼저 허가받고 그다음에 자연스럽게 로보택시도 허가받을 것 같다.

## 플릿 사업과 초기 활용 가능성

그래서 필자가 보기에 초기에는 좀 다른 방향으로 시작할 것 같다. FSD가 허가받으면 처음에는 택시보다 음식 배달이나 퀵서비스, 택배 배송 대행업체 쪽에서 플릿 사업자들이 먼저 나타날 것이다.

이쪽은 택시보다 규제 완화가 쉽기 때문이다.

특히 음식 배달업체 쪽이 먼저 움직일 것 같다. 현재 배달료가 워낙 비싸다 보니 음식점도 힘들고 소비자도 부담이 큰 상황 아닌가? 그런데 생각해보자. 2km~3km 동네 배달을 자율주행 차량으로 하면 배송료를 1,000원 내외로 낮출 수 있다. 이 정도면 소비자들이 직접 차로 음식을 받으러 오게 하는 유인책이 될 것이다.

배달 대행업체들이 사이버캡을 구매하고 플릿 사업자로 등록해 사업을 시작할 수 있다. 이 네트워크에 일반 테슬라 차주들도 참여할 수 있을 것이다. 저녁 시간대에 집에 주차해둔 차를 네트워크에 등록해두면 근처 음식점 배달을 담당하거나 점심시간에는 회사에 주차된 차량으로 점심 피크 타임 배달을 할 수도 있다. 현재처럼 고비용 구조의 음식 배달이 아니라 훨씬 효율적이고 저렴한 방식으로 바뀌면 음식점도 살고 소비자도 살지 않겠는가?

테슬라가 '테슬라 이츠(Tesla Eats)'와 같은 음식 배달 플랫폼을 출시한다면 어떻게 될까? 우버는 택시를 기반으로 우버 잇츠를 냈지만 테슬라는 규제를 우회하기 위해 테슬라 잇츠에서 로보택시로 갈 수도 있을 것이다.

만약 테슬라가 음식 배달 시장을 염두에 두고 있다면 우버에 로보택시를 판매하지 않는 것처럼 배달의민족에도 판매하지 않을 가능성이 크다. 그 대신 자체적인 배달 플랫폼을 구축해 시장을 재편하려고 할 것이다. 테슬라는 수직 계열화된 시스템을 통해 이미 하드웨어와 소프트웨어를 모두 통제하고 있어 배달 시장에서도 이러한 전략을 유지할 것으로 보인다.

초기 인프라 구축은 생각보다 빠르게 진행될 수 있다. 테슬라 잇츠로 시장이 확대된다면 배달 대행업체들은 플릿 사업자로의 참여와 일반 테슬라 차주들의 네트워크 등록 속도가 높아질 것이다.

음식 배달 시장에서 자율주행의 안전성과 효율성을 입증하고 나면 그다음에는 자연스럽게 로보택시로 확장할 수 있다. 물건 배송 과정에서 자율주행의 신뢰성이 검증받으면 사람을 태우는 로보택시에 대한 거부감도 줄어들 것이기 때문이다.

로보택시가 한국에 들어올 때까지는 아직 시간이 있다. 테슬라는 먼저 미국 시장에서 로보택시 서비스를 확장하고 안정시킨 후 해외 진출을 저울질할 것이다. 이 시간을 우리는 잘 활용해야 한다. 단순히 테슬라의 진입을 막는 것이 아니라 이를 계기로 한국 기업들의 기술력 향상과 서비스 품질 개선의 기회로 삼아야 한다. 카카오는 이미 플랫폼 운영 노하우가 있고 현대자동차는 자율주행 기술 개발에 큰 투자를 하고 있다. 두 기업이 협력해 로보택시에 대응할 수 있는 기술과 서비스 경쟁력을 확보할 수 있기를 기대한다.

이를 통해 국내외 기업들이 건전한 경쟁을 펼치고 소비자는 더 나은 서비스를 누리는 모빌리티 생태계가 만들어지길 바란다. 결국 이러한 혁신적 변화는 거스를 수 없는 대세이며 우리는 이에 현명하게 대응하고 적응해야 할 것이다.

제18장

자율주행과
휴머노이드 로봇의 결합,
완전무인물류

최근 테슬라가 개최한 위 로봇 행사를 보면서 물류업계에 몸담은 필자로서는 자연스럽게 여러 가지 상상을 하게 되었다. 테슬라의 자율주행 로보밴이 물건을 싣고 이동하고 로봇 옵티머스가 그 물건을 고객에게 직접 전달하는 장면이었다. 솔직히 처음에는 테슬라의 세련된 디자인이 택배 차량과 다소 안 맞는다고 생각했지만 디자인은 언제든지 바꾸면 되는 문제다. 자율주행 로보밴이 물건을 안전하게 운반하고 마지막 단계에서 옵티머스가 직접 물건을 들고 고객에게 전달한다면 그 가능성은 무궁무진하다는 생각이 들었다.

물류센터는 실내 환경에서 반복적인 작업을 처리하는 곳이다 보니 통제된 환경 내에서 로봇이 사람을 대체하기에 적합하다. 하지만 택배 배송은 다른 얘기다. 일반 도로를 지나가야 하고 예상치 못한 장애물이나 울퉁불퉁한 바닥, 계단, 엘리베이터 등 다양한 상황을 마주하게 된다. 도로 위에서는 언제든지 돌발 상황이 발생할 수 있고 물류센터처럼 완벽히 통제된 환경이 아니어서 로봇이 대응하기에

🔍 **완전무인물류 가상 시나리오**

출처: 비욘드엑스 AI커머스센터

까다로운 조건이 많다.

그런데 이번 위 로봇 행사에서 옵티머스가 보여준 모습은 내 걱정을 어느 정도 덜어주었다. 옵티머스는 사람들 사이를 자연스럽게 걸어 다녔고 바텐더처럼 맥주를 따라주거나 초콜릿 봉투를 집어 사람들에게 나눠주기도 했다. 이런 모습을 보니 복잡한 도로 상황에서도 물건을 들고 다니며 배송하는 일이 충분히 가능하겠다는 생각이 들었다. 어쩌면 단순히 택배 상자를 들고 배송하는 일은 옵티머스에게 오히려 더 쉬운 작업일지도 모른다. 테슬라가 말하는 '완전자율주행(Full Self Driving)'에 이어 이제는 '완전자율배송(Full Self Delivery)'이라는 개념도 현실이 될 것으로 기대하게 되었다.

# 자율주행과
# 물류 생태계의 융합

자율주행 기술이 물류 생태계에서도 점점 더 중요한 역할을 하고 있으며 특히 미들마일 운송 단계에서 그 효율성이 증명되고 있다. 미들마일은 물류센터 간 장거리 운송 구간으로 자율주행 트럭을 통해 인건비를 줄이고 24시간 무중단 운송이 가능하다. 월마트와 자율주행 트럭 스타트업 가틱(Gatik)은 물류센터와 매장 간 자율주행 트럭으로 상품을 운송해 물류 처리 속도와 비용을 크게 절감하고 있다. UPS와 투심플(TuSimple)도 자율주행 트럭을 활용해 중장거리 운송의 효율성을 높이고 물류 네트워크의 신뢰성을 강화하고 있다.

미들마일 운송에 쓰이는 자율주행 트럭은 대부분 레벨 4 자율주행 기술을 사용한다. 레벨 4 자율주행은 특정 조건이나 지정된 경로에서 차량이 완전히 자율적으로 운행할 수 있는 수준을 말하지만 모든 상황에서 인간의 개입이 필요 없다는 뜻은 아니다. 현재 대부분의 자율주행 트럭은 운전자가 탑승해 있거나 원격으로 모니터링을 받고 있다. 이는 긴급 상황이나 법적 규제를 준수하기 위한 조치다. 예를 들어 투심플의 자율주행 트럭은 고속도로 같은 단순한 경로에서는 자율적으로 운행할 수 있지만 복잡한 도심에 진입하거나 예상치 못한 상황이 발생하면 인간이 개입해야 한다.

반면 라스트마일 배송은 여전히 기술적 한계를 맞고 있다. 라스트마일은 물류의 마지막 단계로 복잡한 도로와 도심 환경, 다양한 지형적 요소 때문에 자동화가 쉽지 않다. 아마존은 자율주행 배달 로봇 스카우트(Scout)와 프라임 에어(Prime Air) 드론을 통해 라스트마일 자동화를 시도했지만 스카우트는 최근 사업이 중단되었다. 드론도 복잡한 도심에서 착륙할 장소를 찾기가 어렵고 날씨의 영향도 많이 받는다. 특히 비나 강한 바람이 있을 때 드론을 운용하기 어려워 안정적인 배송 수단으로 자리 잡기에는 한계가 있다.

스타십 테크놀로지(Starship Technologies)의 바퀴 달린 자율주행 배달 로봇은 주로 평지에서 운행되며 대학 캠퍼스나 저층 주택가에서 사용되고 있다. 하지만 이 로봇도 계단을 올라가지 못하거나 복잡한 도심 환경에서는 효과적으로 작동하지 못한다. 바퀴로만 이동하는 로봇은 평지에서는 안정적이지만 복잡한 지형에서는 한계가 뚜렷하다.

결국 이족보행이나 사족보행이 가능한 로봇이 라스트마일 배송의 근본적인 해결책이 될 가능성이 크다. 인간처럼 움직이며 장애물을 넘을 수 있는 로봇이야말로 복잡한 도심 환경이나 다양한 건축 구조에서 유연하게 작동할 수 있다. 테슬라의 옵티머스는 이러한 가능성을 보여주고 있으며 계단을 오르내리고 복잡한 환경에서 이동할 수 있어 라스트마일 배송 문제를 해결할 잠재력이 있다. 특히 한국의 로봇 배송 인증 제도에서도 옵티머스라면 안전성과 성능을 검증받아 무난히 통과할 것으로 보인다.

## FSDD 시스템

테슬라의 자율주행 기술과 옵티머스 로봇이 결합된 물류 시스템은 FSDD(Full Self Driving & Delivery)라는 이름으로 정의해보자. FSDD는 물류센터에서부터 소비자의 집 앞까지 모든 배송 과정을 완전히 자동화하는 시스템을 말하며 기존 물류 인프라와 결합해 인간의 개입 없이도 상품을 안전하고 효율적으로 배송할 수 있는 시스템이라고 생각해보자.

### FSDD의 작동 방식: 전 과정의 자동화

FSDD 시스템은 자율주행 로보밴과 같은 완전자율주행 자동차와 옵티머스와 같은 휴머노이드 로봇의 협업을 통해 전체 물류 과정을 자동으로 만든다.

### 1. 물류센터 자동화

FSDD 시스템의 첫 단계는 물류센터에서 시작된다. 옵티머스 로봇이 24시간 동안 상품을 분류하고 포장하며 인간이 하던 작업을 대체한다. 섬세한 작업도 실수 없이 처리해 하루에 수백만 개의 상품을 처리할 수 있어 물류센터 운영의 효율성을 최대로 만든다.

### 2. 로보밴 적재

옵티머스 로봇은 분류·포장된 상품을 로보밴에 적재한다. 물류센터에서 가장 힘든 상하차 작업도 자동으로 수행하며 상품의 크기와 무게를 감지해 공간을 최적으로 만들어 적재한다. 이를 통해 실수나 부주의로 인한 파손을 최소로 줄인다.

### 3. 자율주행 운송

로보밴은 물류센터에서 배송 거점까지 자율주행으로 이동한다. GPS와 AI 기반 경로 최적화를 통해 가장 빠르고 효율적인 경로를 선택하며 24시간 운행이 가능해 기존 시스템보다 효율적이다. 특히 야간 운송도 가능해 배송 효율을 최대로 만들 수 있다.

### 4. 라스트마일 배송

옵티머스는 로보밴에서 물건을 하차하고 고객의 집 앞까지 배송한다. 계단이나 엘리베이터 같은 복잡한 상황에서도 문제없이 작동하며 고객과 간단한 소통도 나눌 수 있다. 반품이 필요하면 즉시 회수하고 서명이나 요청 사항도 실시간으로 처리해 서비스 품질을 높인다.

**5. 실시간 모니터링 및 최적화**

FSDD 시스템은 중앙 관제 시스템을 통해 모든 과정을 실시간으로 모니터링한다. AI 알고리즘으로 로보밴과 옵티머스의 위치, 상태, 경로를 최적화해 배송 시간을 줄이고 에너지 소비를 최소화하고 전체 시스템의 효율성을 최대로 늘린다.

## FSDD 시스템의 경제성: 비용 절감 그 이상

FSDD 시스템이 물류업계에서 혁신적인 이유는 기존 택배 시스템과 비교해 획기적인 비용 절감을 가능케 하기 때문이다. 특히 인건비가 완전히 사라진다는 것이 가장 큰 경제적 이점이다. 기존 택배 시스템에서는 배송 단계마다 인력 투입이 필요했다. 물류센터에서 상품을 분류하고 포장하는 작업에서부터 택배 차량을 운전하고 최종적으로 상품을 배달하기까지 모든 단계에 사람이 필요했다. 하지만 FSDD 시스템에서는 이 모든 과정이 로봇과 자율주행 차량을 통해 자동화되므로 인건비는 '0'이 된다. 운영비용에서 압도적인 차이를 만들어낼 수 있다.

기존 시스템은 인건비 외에도 차량 유지관리비용, 유류비, 물류센터 운영비용 등이 발생한다. 하지만 FSDD는 전기차 기반의 자율주행 차량을 사용하므로 유류비가 들지 않고 전기차의 유지보수비용도 내연기관 차량보다 훨씬 낮다.

## FSDD 시스템의 비용 절감 효과 비교

### 1. 기존 택배 시스템
- 높은 인건비: 배송, 운전, 물류센터에서의 작업 모두 인력이 필요
- 차량 유지비와 유류비: 내연기관 차량의 연료비용 및 유지보수비용 발생
- 물류센터 운영비: 분류, 포장, 적재 과정에서 대규모 인력이 필요하며 물류센터의 인프라와 에너지 소비가 큼

### 2. FSDD 시스템
- 인건비 없음: 전 과정이 로봇과 자율주행 차량으로 대체되므로 인건비가 발생하지 않음
- 전기차 운영: 전기차 기반으로 운영되므로 연료비 절감
- 운영 효율성 극대화: 로봇이 작업을 담당하므로 실수 없이 정밀한 작업 가능. 24시간 무중단 운영으로 생산성 극대화

FSDD 시스템은 초기 투자 비용이 발생하지만 장기적으로 볼 때 인건비 절감과 운영 효율성 향상 덕분에 투자 비용을 상쇄하고도 남을 정도로 압도적인 비용 절감을 이끌어낸다. 이는 단순히 몇 퍼센트의 절감이 아니라 택배 시스템 운영비용에서 구조적으로 큰 차

이를 만들어낼 수 있는 요소다.

## FSDD 도입 단계

### 1단계: 물류센터의 휴머노이드 로봇 도입

첫 번째 단계는 물류센터 내에서 휴머노이드 로봇을 도입하는 것이다. 물류센터는 통제된 환경으로 로봇을 도입하기에 가장 적합한 장소다. 이미 테슬라의 옵티머스, 아마존의 디짓, 앱트로닉의 아폴로 같은 휴머노이드 로봇들이 물류센터와 자동차 공장에 배치되고 있다. 이 로봇들은 상품 분류, 포장, 적재 등 반복적이고 체력 소모가 큰 작업을 24시간 수행할 수 있어 인력 부족 문제를 해결하고 물류 효율성을 극대화할 것이다. 물류센터에서 로봇 도입이 성공적으로 이루어진다면 배송 과정의 나머지 부분으로 확대될 기반을 마련할 것이다.

### 2단계: 인간과 로봇의 협력 배송

두 번째 단계는 인간과 로봇이 협력하는 형태의 배송이다. 완전자율주행이 법적으로 허가되기까지 시간이 필요할 수 있으므로 먼저 택배기사가 자율주행 차량을 감독하고 레벨 3 또는 레벨 4 자율주행으로 운영하며 로봇이 마지막 배송을 담당하는 방식이다. 이 방식은 택배기사가 안전하게 차량을 모니터링하는 동안 로봇이 직접 상품을 고객에게 전달하는 모델로 도심의 복잡한 환경에서도 효과적이다. 또한 야간에는 도로가 한산해지므로 완전자율주행 차량과 로봇을 활용해 무인 배송을 시험 운영할 수 있다. 이 단계는 완전 무인화로 가는 전환기적 역할을 할 것이다.

### 3단계: 완전 무인화

세 번째 단계는 완전 무인화다. 자율주행 기술이 더 성숙하고 사람들의 인식이 자율주행이 안전하다는 확신을 얻게 되며 정부의 법적 규제가 완화되면 완전 무인화된 배송 시스템이 가능할 것이다. 이때는 택배기사 없이도 자율주행 차량이 스스로 배송 경로를 설정하고 로봇이 모든 배송 작업을 처리할 수 있을 것이다. 이 단계에서 물류 시스템은 24시간 운영되며 인건비를 절감하고 배송 속도와 효율성을 극대화할 수 있다.

## FSDD가 가져올 미래

최근 한국에서는 택배 비용의 상승과 택배 노동자들의 과로사 문제가 큰 사회적 문제로 부상하고 있다. 택배 노동자들은 매일 수많은 물건을 처리하고 배송하면서 과중한 업무에 시달리며 물류 현장에서도 과로로 인한 사고가 빈번히 발생하고 있다. 또한 음식 배달 비용이 지속적으로 증가하고 있으며 빠른 배송을 요구하는 경쟁적인 시장 속에서 오토바이 운전사들이 위험을 감수하며 무리하게 운전해야 하는 상황도 문제로 지적되고 있다. 이처럼 배송 관련 다양한 문제들이 한국 사회에서 심각하게 대두되고 있다. 이러한 문제들은 테슬라의 FSDD가 해결할 수 있을 것으로 기대된다. FSDD가 도입되면 택배 노동자들의 과도한 업무 부담이 사라지고 음식 배달 비용도 내릴 수 있고 위험한 오토바이 사고 위험도 줄어들 것이다. 또한 FSDD의 도입은 단순히 기술적 변화에 그치지 않고 한국 사회가 직면한 물류·배송 문제를 근본적으로 해결할 중요한 전환점이 될 것이다. 이를 위해 정부, 유통업계, 택배업계는 이러한 미래를 대비하고 자율주행과 로봇 기술이 원활히 적용될 수 있도록 관련 규제와 인프라를 마련해야 한다. 정부는 자율주행 차량과 로봇 도입에 대한 법적·제도적 지원을 제공하고 유통·택배업계는 기술 도입을 위한 인프라와 협력 체계를 구축해야 한다.

시간이 많지 않다. 기술은 이미 마련된 상태이며 FSDD와 같은 혁신적 물류 시스템을 본격적으로 도입할 준비가 되어 있다. 정부와 업계가 서둘러 준비하지 않으면 자율주행과 로봇 배송이 가져올 변화를 선도하지 못할 것이다. 따라서 지금이야말로 규제 완화와 기술 적용을 위한 인프라 구축을 빠르게 진행해야 할 시점이다.

# 제19장

## 완전자율주행 상용화 시기

앞에서 살펴본 FSDD가 물류 혁신을 이룰 혁신적 시스템이라고 생각한다. 하지만 이 시스템이 기술적으로 완성되었더라도 실제 도로에서 운행되기 위해서는 자율주행차 상용화가 선행되어야 한다. 현재 자율주행차는 미국에서 각 주마다 다른 규제와 까다로운 안전성 테스트 요구 사항 때문에 상용화에 어려움을 겪고 있다. 하지만 최근 중요한 변화가 일어났다. 2024년 말 일론 머스크가 트럼프 행정부의 정부효율위원회(DOGE) 수장으로 임명된 것이다. 이는 단순한 인사가 아니라 자율주행 기술의 상용화 시기를 크게 앞당기는 전환점이 될 수 있다. 그동안 머스크는 자율주행차 규제에 대한 연방 차원의 통합을 주장해왔고 이제 그가 직접 규제 개혁을 주도할 위치에 선 것이다.

이번 장에서는 머스크가 왜 돌연 트럼프의 지지자가 되었는지, 그리고 그의 정부효율위원회 수장 임명이 자율주행 기술의 상용화에 어떤 영향을 미칠 수 있는지 자세히 살펴보고자 한다.

## 일론 머스크가 트럼프에 올인한 이유

이번 미국 대선 기간 중 가장 인상 깊었던 장면 중 하나는 일론 머스크가 펜실베이니아 유세에서 청원 서명자 중 한 명에게 매일 100만 달러를 지급하겠다고 선언한 장면이었다. 과거 민주당 지지자였고 트럼프에 대해 거침없이 비판했던 머스크였다. 하지만 이제 그는 트럼프의 가장 강력한 후원자로 변신해 있었다. 도대체 무슨 이유로 머스크는 자신의 정치적 신념을 바꿔가면서까지 트럼프를 지지하게 된 것일까. 이는 단순한 정치적 변화가 아니었다. 그 이면에는 머스크의 사업적 야망, 특히 자율주행차 사업과 관련된 절박함이 있었다.

민주당은 자율주행차의 안전성을 이유로 엄격한 테스트 절차를 요구했고 실주행 데이터를 축적하는 데 제약을 가했다. 주마다 자율주행차에 대한 규제가 달라 연방 차원의 통일된 기준이 없다는 것도 문제였다. 이러한 상황은 머스크가 사이버캡을 포함한 자율주행차 사업을 현실로 만드는 데 큰 장애물로 작용했다.

하지만 트럼프가 등장하면서 상황은 달라졌다. 규제 완화를 외치는 트럼프는 머스크에게 새로운 희망을 주었을 것이다. 머스크는 트럼프의 정책 방향이 테슬라의 사업 목표와 일치한다고 판단했을 것이고 결국 트럼프와 손잡기로 한 것이다. 즉 머스크의 트럼프 지지는 규제 완화와 혁신적 기술 상용화를 위한 전략적 선택이었다.

일론 머스크가 유권자에게 상금으로 100만 달러를 수여하는 모습

출처: 디지털투데이

## 트럼프와 머스크의 교감

 트럼프와 머스크는 이미 물밑 교감을 나누었을 가능성이 농후하다. 트럼프는 머스크의 혁신가 이미지와 대중적 영향력이 필요했을 것이고 머스크는 트럼프의 과감한 규제 완화 정책에 매료되었을 것이다. 두 기업가의 만남은 서로의 필요가 맞아떨어진 결과일 것이다. 트럼프에게는 실리콘밸리를 대표하는 혁신가의 지지가 필요했고 머스크에게는 규제 철폐가 절실했을 테니 말이다.

 트럼프는 머스크의 엄청난 팔로워와 대중적 인기를 선거에 활용하고 싶었을 것이고 머스크는 트럼프의 정책이 자신의 비전을 실현해줄 핵심 동력이 될 것으로 기대했을 것이다. 특히 트럼프가 제시한 정부효율위원회는 머스크가 꿈꾸던 규제 혁파와 효율성 혁명의 완벽한 플랫폼으로 보였을 것이다.

## 결국 정부효율위원회 수장이 되다

머스크의 전략적 선택이 결실을 맺었다. 트럼프 당선 후 머스크는 정부효율위원회 수장으로 낙점되었다. 정부효율위원회는 낡은 규제를 과감히 철폐하고 연방 정부의 예산 운용을 혁신하는 막강한 권한을 가진다. 머스크는 이 위원회를 통해 자율주행차 규제를 연방 차원에서 통합하는 대개혁을 이끌 것으로 전망된다.

그는 연방 차원의 통일된 규제가 반드시 필요하다고 역설해왔다. 현재 주별로 파편화된 규제가 자율주행 혁명을 가로막는다고 강하게 지적했다. 물론 이해충돌 문제라는 산이 있다. 테슬라와 스페이스X 등 머스크의 기업들이 정부 규제 대상인 상황에서 그의 공직 수행은 도전적 과제다. 하지만 사업가 머스크라면 이 문제도 영리하게 해결할 것으로 보인다. 테슬라 주식을 매각하거나 신탁에 맡기는 방법 등을 통해서 말이다.

공직자윤리법은 머스크에게 유리하게 작용할 전망이다. 이해충돌

방지를 위한 주식 매각 시 자본이득세 면제나 연기가 가능하기 때문이다. 머스크는 이 제도를 활용해 테슬라 관련 이해충돌을 제거하면서 사업을 확장할 발판도 마련할 것으로 예상된다.

일론 머스크가 자신의 X 계정에 공유한 AI 사진

출처: 일론 머스크 X

## 실제 일론 머스크는 효율 전문가

머스크가 정부효율위원회 수장으로 임명된 이유는 단순히 정치적 이유만은 아니다. 그는 효율성을 극대화하는 혁신가로서 입증된 성과를 이미 여러 번 보여주었다. 스페이스X에서는 로켓 재사용 기술을 통해 발사 비용을 획기적으로 낮추었다. 테슬라에서는 기가팩토리와 기가프레스 기술을 도입해 자동차 생산 비용을 크게 절감했다. 트위터 인수 후에는 직원 수를 80% 이상 줄이며 조직 운영비용을 최소로 줄였다.

머스크는 사업에서의 효율 극대화 경험을 정부 운영에 적용할 수 있는 유일무이한 인물로 평가받고 있다. 그는 낭비적인 예산을 줄이고 규제를 철폐하며 기술 발전에 유리한 환경을 조성할 것으로 기대된다.

🔍 스페이스X의 로켓 재사용 기술 성공 모습

출처: 가디언

## 트럼프와 일론 머스크는 자율주행 규제를 연방 차원으로 일원화할 것이다

현재 자율주행차 관련 규제는 주마다 다르게 운영되고 있어 기업들이 전국적인 기술 개발과 상용화에 어려움을 겪고 있다. 머스크는 연방 차원의 통일된 규제를 만들어 이러한 문제를 해결하고 테슬라와 같은 기업들이 일관된 기준하에 자율주행차를 개발하고 테스트할 수 있게 할 것이다.

또한 자율주행차의 안전성 평가 기준도 완화될 가능성이 있다. 현재 미국 도로교통안전국(NHTSA)은 자율주행차의 안전성에 엄격한 기준을 적용하고 있다. 머스크는 이러한 기준을 완화해 테슬라의 자율주행 시스템이 더 쉽게 승인받게 할 가능성이 크다. 이로 인해 테슬라의 완전자율주행 기술 상용화가 더 빠르게 이루어질 수 있을 것이다.

개인정보보호 규제도 완화될 수 있다. 자율주행차의 성능 향상을 위해 방대한 양의 주행 데이터가 필요한 상황에서 개인정보보호 규제 완화는 테슬라가 더 많은 주행 데이터를 수집해 활용하게 해 자율주행 AI 학습에 큰 도움을 줄 수 있다. 테슬라는 이미 전 세계 700만 대 이상의 차량에서 실시간 주행 데이터를 수집 중이다. 이 빅데이터는 도조 슈퍼컴퓨터의 AI 분석을 거쳐 자율주행 기술 완성도를 높이는 데 활용되고 있다. 개인정보보호 규제가 현실이 되면 이 혁신 속도는 더 빨라질 것이다.

## 사이버캡이 상용화 시기를 앞당길까?

연방 차원의 규제 정비로 머스크의 완전자율주행 로보택시 '사이버캡'이 예상보다 훨씬 빨리 달릴 전망이다. 현재 규제 환경에서는 기술이 완성되더라도 규제 통과에만 수년이 걸릴 판이었다. 실제 테슬라 내부에서는 자율주행 기술이 이미 마무리 단계라는 분위기다. 규제 장벽이 사라진다면 머스크가 공언한 2026년 양산까지는 아니더라도 적어도 5년은 더 빠른 상용화가 가능하지 않을까.

규제 완화는 자율주행 기술 상용화뿐만 아니라 물류와 유통업계에도 큰 변화를 가져올 것이다. 필자가 주장하는 FSDD도 이러한 변화의 한 축이 될 수 있을 것 같다. FSDD는 자율주행 기술을 물류 배송에 적용해 효율성을 극대화하는 시스템인데 만약 규제가 완화되고 상용화가 이루어지면 물류 산업의 새로운 표준이 될 수 있을 것이다. 이러한 변화는 단순히 비용 절감에 그치는 것이 아니라 물류 산업의 운영 방식 자체를 근본적으로 혁신할 가능성이 크다.

머나먼 미래로만 여겼던 자율주행 시대가 눈앞에 다가왔다. 머스크의 정부효율위원회 수장 임명과 규제 혁파로 이 혁신은 이제 몇 년 안에 현실이 될 전망이다. 우리나라 정부와 물류업계는 이 급격한 변화에 대한 구체적인 대비책 마련이 시급하다.

자율주행차와 휴머노이드 로봇 도입은 이제 선택의 문제가 아니다. 정부는 이 기술들의 안전한 도입을 위한 제도적 장치를 서둘러 마련해야 한다. 도로 인프라 개선, 사고 발생 시 책임 소재 규정, 개인정보보호 체계 구축 등 구체적인 정책적 대응이 필요하다.

물류업계도 변화에 대비해야 한다. 자율주행 배송 시스템 도입에 따른 인력 재배치와 교육, 물류 프로세스 재설계, 새로운 비즈니스 모델 개발 등을 준비해야 할 것이다. 혁신의 파도가 밀려오고 있다. 이제 우리에게 필요한 것은 막연한 기술 경쟁이 아니라 다가올 변화에 대한 철저한 준비와 현실적인 대응책이다.

맺음말

## AI 유통 혁명과 우리의 대응

글로벌 빅테크 기업들이 주도하는 AI 유통 혁명은 이제 돌이킬 수 없는 현실이 되어가고 있다. 구글과 애플은 온디바이스 AI를 통해 소비자의 일상 데이터를 장악하려고 하고 테슬라는 자율주행과 휴머노이드 로봇으로 물류의 게임 체인저가 되려고 한다. 메타는 AR과 AI를 결합해 새로운 형태의 쇼핑 경험을 준비하고 있다. 이러한 변화 속에서 국내 기업들은 전례 없는 위기에 직면할 것이다.

네이버는 가장 심각한 도전을 맞고 있다. GPT-4와의 기술 격차를 좁히지 못한 채 검색 시장에서 밀려나고 있다. 특히 수학적 추론에서 3.8배, 코딩 능력에서 1.6배 격차는 쉽게 극복하기 어려운 수준이다. GPU 인프라 부족이 근본적인 문제다. 네이버가 보유한 A100 2,000대로는 메타가 계획 중인 H100 35만 대와 경쟁이 불가능하다. 네이버쇼핑도 AI 쇼핑 에이전트의 등장으로 플랫폼 비즈니스의 존립 자체가 위협받고 있다. 소비자들이 더 이상 쇼핑몰을 직접 방문할 필요가 없어지면서 광고 수수료 기반의 비즈니스 모델이 붕괴할 위험이 크다.

쿠팡도 비슷한 위기에 처해있다. 자체 물류센터와 배송망을 보유한 것이 오히려 약점이 될 수 있다. 테슬라의 옵티머스 같은 첨단 로봇이 물류 현장에 도입되면 기존 인프라는 순식간에 구식이 될 것이다. 24시간 무중단 작업이 가능한 로봇 기반 물류센터와 경쟁하기 위해서는 막대한 자동화 투자가 필요하다. 로켓배송으로 대표되는 쿠팡의 차별화 전략도 테슬라의 FSDD 시스템 앞에서는 의미를 잃을 수 있다.

카카오모빌리티는 테슬라의 로보택시가 진출하면 가격 경쟁에서 밀릴 수밖에 없다. 자체 자율주행 기술이 없는 상황에서 웨이모나 현대자동차와의 제휴만으로는 테슬라의 수직 계열화된 시스템을 이기기 어려울 것이다. 게다가 기존 택시기사님들과의 관계 때문에 자율주행으로 급격히 전환하기도 쉽지 않은 상황이다. 우버가 겪고 있는 딜레마와 비슷한 처지다.

배달의민족은 테슬라가 '테슬라 잇츠'를 출시하면 존립 자체가 위협받을 수 있다. 테슬라가 사이버캡과 옵티머스를 결합한 배달 시스템을 구축한다면 배달 비용을 현재의 1/10 수준으로 낮출 수 있다. 이는 배달의민족의 수수료 기반 비즈니스 모델을 완전히 붕괴시킬 수 있는 수준이다. 배달 라이더들과의 관계 때문에 자율주행 시스템으로 빠르게 전환하기도 어려운 상황이다.

CJ대한통운, 한진, 롯데택배와 같은 택배사들도 테슬라의 FSDD

시스템이 도입되면 가격과 서비스 측면에서 경쟁이 불가능할 것이다. 24시간 무중단 배송이 가능한 자율주행 시스템은 기존 택배사들의 서비스 수준을 완전히 뛰어넘을 것이다. 현재의 인력 중심 시스템으로는 이러한 변화에 대응하기 어렵고 새로운 시스템 도입에는 막대한 비용이 필요하다. 하지만 이러한 위기는 새로운 기회가 될 수 있다. 네이버는 오픈AI, 앤스로픽 같은 선도 기업들과의 전략적 제휴를 통해 기술 격차를 극복하고 한국어에 특화된 서비스로 차별화할 수 있다. 방대한 로컬 콘텐트와 결합한다면 글로벌 기업들이 쉽게 따라올 수 없는 경쟁력을 확보할 수 있을 것이다.

쿠팡은 자사의 물류 인프라를 로봇 자동화 시스템으로 전환하고 새로운 형태의 통합 커머스 서비스를 개발할 수 있다. 이미 구축된 고객 기반과 배송 노하우를 바탕으로 AI와 로봇을 접목한 혁신적인 서비스를 만들어낼 수 있다. 특히 신선식품 같은 특화 분야에서는 여전히 강점을 유지할 수 있을 것이다.

카카오는 현대자동차와의 협력을 강화하고 단계적인 자율주행 도입 전략을 수립해야 한다. 플랫폼 운영 노하우와 현대자동차의 자동차 제조 기술을 결합한다면 테슬라에 대적할 수 있는 경쟁력을 확보할 수 있다. 기존 택시기사들을 위한 전환 프로그램도 함께 준비해야 할 것이다.

배달의민족은 레스토랑 솔루션과 식자재 유통으로 사업을 다각화하고 자체 자율배달 시스템을 구축할 필요가 있다. 국내 최대 배달 플랫폼으로서의 경험과 데이터를 활용하면 한국 시장에 최적화된 배달 시스템을 만들어낼 수 있다. 글로벌 시장 진출도 적극적으로 모색해야 한다.

택배업계는 테슬라나 현대자동차와의 협력을 통해 FSDD 시스템을 공동 개발하는 방안을 모색해야 한다. 기존 물류 네트워크와 노하우를 새로운 기술과 결합한다면 경쟁력 있는 서비스를 만들어낼 수 있다. 특화 배송이나 프리미엄 서비스 같은 틈새시장도 공략할 필요가 있다.

우리나라는 이러한 변화에 대응하기 좋은 조건을 갖추고 있다. 세계 최고 수준의 디지털 인프라, 높은 기술 수용성, 조밀한 도시 구조는 새로운 기술과 서비스를 검증하기에 최적의 환경을 제공한다. 많은 글로벌 기업이 한국을 테스트베드로 주목하는 것도 이 때문이다.

정부의 역할도 매우 중요하다. 자율주행과 로봇 상용화를 위한 규제를 정비하고 AI 기술 개발을 위한 R&D 지원도 확대해야 한다. 도로교통법, 개인정보보호법, 전자상거래법 등 기존 법체계를 새로운 기술 환경에 맞게 개정하는 것도 시급하다. 5G를 넘어 6G 시대를 준비하는 통신 인프라 고도화도 서둘러야 한다.

특히 물류센터 작업자, 택시기사, 배달 라이더 등 기존 일자리가 사라질 것에 대비한 준비가 필요하다. 정부는 이들을 위한 직업훈련과 재취업 지원을 강화하고 새로운 일자리 창출을 위한 정책도 마련해야 한다. AI와 로봇 시대에 맞는 새로운 직종을 발굴하고 이에 필요한 교육 프로그램을 개발해야 할 것이다. 기본소득 같은 새로운 형태의 사회안전망 도입도 진지하게 검토해야 할 시점이다.

AI 유통 혁명은 거스를 수 없는 대세다. 이제 우리에게 남은 것은 이 변화를 두려워하기보다 적극적으로 받아들이고 새로운 기회를 만들어내는 것이다. 기업들의 과감한 투자와 혁신, 정부의 결단력 있는 지원이 있다면 한국은 AI 시대의 새로운 유통 강국으로 도약할 수 있을 것이다. 우리는 반도체, 스마트폰, 전기차 배터리 등에서 세계적인 경쟁력을 이미 입증해왔다. AI 유통 혁명에서도 우리는 새로운 성공 신화를 쓸 수 있을 것이다.

## AI 커머스 쇼핑 전쟁

초판 1쇄 인쇄 2025년 7월 11일
초판 1쇄 발행 2025년 7월 25일

**지은이** | 김창수
**펴낸이** | 권기대
**펴낸곳** | ㈜베가북스

**주소** | (07261) 서울특별시 영등포구 양산로17길 12, 후민타워 6-7층
**대표전화** | 02)322-7241    **팩스** | 02)322-7242
**출판등록** | 2021년 6월 18일 제2021-000108호
**홈페이지** | www.vegabooks.co.kr   **이메일** | info@vegabooks.co.kr
**ISBN** | 979-11-94831-09-9 (03320)

* 책값은 뒤표지에 있습니다.
* 잘못된 책은 구입하신 서점에서 바꾸어 드립니다.
* 좋은 책을 만드는 것은 바로 독자 여러분입니다.
* 베가북스는 독자 의견에 항상 귀를 기울입니다. 베가북스의 문은 항상 열려 있습니다.
* 원고 투고 또는 문의사항은 위의 이메일로 보내주시기 바랍니다.